Suiv.t les mêmes extraits de M. De la
Vallière les pièces d'alexandre et de
daire ne sont pas non plus sans
mérite. le sujet de Daire est celui
de darius codoman vaincu par
alexandre; et le sujet d'alexandre
est la mort de ce conquérant
emprisonné dans babilonne
M. le Duc de la Vallière a tort
de n'avoir pas parlé du morceau
le plus singulier de ce 2.d vol.me
qui est la mansere de sacre des
vers François comme en grec et
en latin, par jaques la Taille
paris 1573. c'est certainement
un morceau curieux

V.y manotte au 2.d vol.me

5.

M. le Duc de la Vallière dans sa
bibliotheque des Theatres a donné
d'assez bons extraits des 6 pieces
contenues dans ces deux vol.
mais il n'a pas parlé de toutes ce
qu'il y a d'ailleurs de pieces des
deux freres la Taille dans les
2 Vol. que voici. ainsi nous
apprenons de lui que la Tragedie
de la famine est belle pour le temps
et très interessante dans
quelques endroits, effectivement
je crois qu'il y a encor dans cette
piece quelques situations dont
on pourront profiter. mais m.
de la Vallière ne parle point des
pieces de vers parmi lesquels il y en
a quelques unes qui meritent quelques
eloges.

T. S. V. P.

SAVL LE FVRIEVX,

Tragedie prise de la

BIBLE,

Faicte selon l'art & à la mode des
vieux Autheurs Tragiques.

PLVS,

Vne Remonstrace faicte pour le Roy Charles IX.
à tous ses subiects, à fin de les encliner à la paix.

AVEC

Hymnes, Cartels, Epitaphes, Anagrammatismes,
& autres Oeuures d'vn mesme autheur.

A PARIS.

Par Federic Morel Imprimeur du Roy.

M.D.LXXII.

Auec Priuilege dudit Seigneur.

L'AVTHEVR.

I'AY trop long temps esté sans me faire cognoistre,
  Il fault sortir au iour, il fault qu'à ceste fois
  Ie sclarcisse mon nom, à fin que le François
  Sçache au temps à venir que le Ciel m'a fait naistre.
Loing, loing de moy sois tu Peuple ignorant & traistre,
  Qui enuieusement deláchant tes abboys
  Grinces la dent dépite, aussi tost que tu vois
  Quelqu'vn de qui l'honneur peu à peu vient à croistre:
Sçaches que ie ne suis de ses imitateurs,
  Enflez de mots obscurs, qui serfs admirateurs
  Haussent les grands aux Cieux par flatterie auare:
Ie ne veux point ainsi les Muses valleter,
  Ny en tonnant des mots si haultement vanter
  Ceulx qui les princes sont d'ignorance barbare.

LVY ENCOR EN LATIN.

Iam siluit nostrum satis obluctata tenebris
  Fama diu Nomen: iam, iam se ostendere luci
  Fas est, atque hominum tandem volitare per ora,
  Hinc procul indoctum vulgus, procul esto maligna
  Turba nouis Vatum, quæ laudibus inuida latras:
  At tu Mnemosynes Templum mihi fama reclude:
  Vosque mihi Musæ currum concedite vestrum,
  Quo super Astra vehar domito liuore triumphans.

IN VTRVNQVE PARATVS.

De l'Art de la Tragedie.

A

Treshaulte Princesse Henriette De Cleues, Duchesse de NEVERS,

Ian De la Taille de Bondaroy.

ADAME combien que les piteux desastres aduenus nagueres en la France par nos Guerres ciuilles, fussent si grāds, & que la mort du Roy HENRY, du Roy son Fils, & du Roy de Nauarre, vostre Oncle, auec celle de tant d'autres Princes, Seigneurs, Cheualiers & Gentils-hommes, fust si pitoiable qu'il ne faudroit ia d'autre chose pour faire des Tragedies: ce neātmoins pour n'en estre du tout le propre subiect, & pour ne remuer nos vieilles & nouuelles douleurs, volōtiers ie m'en deporte, aimant trop mieux descrire le malheur d'autruy que le nostre: qui m'a fait non seulement voir les deux rencheutes de nos folles guerres, mais

y combattre, & rudement y estre blessé : Ie veux
sans plus, icy vo͞ dedier vne Tragedie du plus miserable Prince qui porta iamais Couronne, le premier
que iamais D I E V esleut pour commander sur son
Peuple, le premier aussi que i'ay esleu pour escrire,
à fin qu'en vous faisant vn tel present, ie puisse quāt
& quant monstrer à l'œil de tous vn des plus merueilleux secrets de toute la Bible, vn des plus estran-
ges mysteres de ce grād Seigneur du monde, & vne
de ses plus terribles prouidences. Or à fin que du
premier coup vous y rencontriez le plaisir que ie
desire, i'ay pensé de vous donner quelque ouuer-
ture, & quelque goust d'vne Tragedie, & en dechi-
frant les principaux poincts vous en pourtraire seulement l'ombre, & les premiers traicts.

La Tragedie donc est vne espece, & vn genre de
Poësie non vulgaire, mais autant elegant, beau &
excellent qu'il est possible. Son vray subiect ne trai-
cte que de piteuses ruines des grands Seigneurs, que
des inconstances de Fortune, que bannissements,
guerres, pestes, famines, captiuitez, execrables cruau-
tez des Tyrans : & bref que larmes & miseres ex-
tremes, & non point de choses qui arriuent tous les
iours naturellement & par raison commune, comme d'vn qui mourroit de sa propre mort, d'vn qui
seroit tué de son ennemy, ou d'vn qui seroit con-
damné à mourir par les loix, & pour ses demerites:
car tout cela n'esmouueroit pas aisément, & à peine
m'arracheroit il vne larme de l'œil, veu que la vraye
& seule intention d'vne tragedie est d'esmouuoir
& de poindre merueilleusement les affections d'vn
chascun, car il faut que le subiect en soit si pitoyable

& poignant de foy, qu'eſtant meſmes en bref & nument dit engendre en nous quelque paſſion : comme qui vous conteroit d'vn à qui lon fit malheu-
reuſement manger ſes propres fils, de ſorte que le
Pere (ſans le ſçauoir) ſeruit de ſepulchre à ſes enfans:& d'vn autre qui ne pouuant trouuer vn bourreau pour finir ſes iours & ſes maux, fut côtraint de
faire ce piteux office de ſa propre main. Que le ſubiect auſſi ne ſoit de Seigneurs extremement meſ-
chants, & que pour leurs crimes horribles ils meri-
taſſent punition : n'auſſi par meſme raiſon de ceux
qui ſont du tout bons, gēts de bien & de ſaincte vie,
comme d'vn Socrates, bien qu'à tort empoiſonné.
Voila pourquoy tous ſubiects n'eſtants tels ſeront
touſiours froids & indignes du nom de Tragedie,
côme celuy du ſacrifice d'Abraham, où ceſte ſainte
de faire ſacrifier Iſaac, par laquelle Dieu eſprouue
Abraham, n'apporte riē de malheur à la fin : & d'vn
autre où Goliath ennemy d'Iſraël & de noſtre religion eſt tué par Dauid ſon hayneux, laquelle choſe
tant s'en faut qu'elle nous cauſe quelque côpaſſion,
que ce ſera pluſtoſt vn aiſe & contentement qu'elle
nous baillera. Il faut touſiours repreſenter l'hiſtoire,
ou le ieu en vn meſme iour, en vn meſme tēps, & en
vn meſme lieu : auſſi ſe garder de ne faire choſe ſur
la ſcene qui ne s'y puiſſe commodément & honne-
ſtement faire, comme de n'y faire executer des
meurtres, & autres morts, & non par fainte ou autrement, car chaſcun verra bien touſiours que c'eſt,
& que ce n'eſt touſiours que faintiſe, ainſi que fit
quelqu'vn qui auec trop peu de reuerence, & non
ſelon l'art, fit par fainte crucifier en plein thea-

tre ce grand Sauueur de nous tous. Quant à ceulx qui difent qu'il fault qu'vne Tragedie foit toufiours ioyeufe au commencement & trifte à la fin, & vne Comedie (qui luy eft femblable quant à l'art & dif-pofition, & non du fubiect) foit au rebours, ie leur aduife que cela n'aduient pas toufiours, pour la di-uerfité des fubiects & baftiments de chafcun de ces deux poëmes. Or c'eft le principal point d'vne Tra-gedie de la fçauoir bien difpofer, bien baftir, & la de-duire de forte qu'elle change, transforme, manie, & tourne l'efprit des efcoutas deçà de là, & faire qu'ils voyent maintenant vne ioye tournee tout foudain en triftefle, & maintenant au rebours à l'exemple des chofes humaines. Qu'elle foit bien entre-laffee, meflée, entrecouppee, reprife, & fur tout à la fin rapportee à quelque refolution, & but de ce qu'on auoit entrepris d'y traicter. Qu'il n'y ait rien d'oi-fif, d'inutile, ny rien qui foit mal à propos. Et fi c'eft vn fubiect qui appartienne aux lettres diuines, qu'il n'y ait point vn tas de difcours de Theologie, com-me chofes qui derogent au vray fubiect, & qui fe-roient mieux feantes à vn Prefche : & pour cefte caufe fe garder d'y faire parler des Perfonnes, qu'on appelle Fainctes, & qui ne furent iamais, comme la Mort, la Verité, l'Auarice, le Môde, & d'autres ainfi, car il faudroit qu'il y euft des perfonnes ainfi de mefmes contrefaittes qui y prinffent plaifir. Voila quant au fubiect : mais quant à l'art qu'il fault pour la difpofer, & mettre par efcript, c'eft de la diuifer en cinq Actes, & faire de forte que la Scene eftant vuide de Ioueurs vn Acte foit finy, & le fens aucu-nement parfait. Il fault qu'il y ait vn Chœur, c'eft à dire

dire, vne affemblee d'hommes ou de femmes, qui
à la fin de l'acte difcourent fur ce qui aura efté dit
deuant: & fur tout d'obferuer cefte maniere de taire & fupplier ce que facilement fans exprimer fe
pourroit entendre auoir efté fait en derriere : & de
ne commencer à deduire fa Tragedie par le commencement de l'hiftoire ou du fubiect, ains vers le
milieu, ou la fin (ce qui eft vn des principaux fe-
crets de l'art dont ie vous parle) à la mode des meil-
leurs Poëtes vieux, & de ces grands Oeuures Heroiques, & ce à fin de ne l'ouir froidement, mais
auec cefte attente, & ce plaifir d'en fçauoir le com-
mencemét, & puis la fin apres. Mais ie ferois trop
long à deduire par le menu ce propos que ce grand
Ariftote en fes Poëtiques, & apres luy Horace(mais
non auec telle fubtilité) ont continué plus amplement & mieux que moy, qui ne me fuis accommo-
dé qu'à vous, & non aux difficiles & graues oreilles
des plus fçauants. Seulement vous aduiferay-ie,
qu'autant de Tragedies & Comedies, de Farces, &
Moralitez (où bien fouuent n'y a fens ny raifon,
mais des paroles ridicules auec quelque badinage)
& autres ieux qui ne font faicts felon le vray art, &
au moule des vieux, comme d'vn Sophocle, Euri-
pide & Seneque, ne peuuent eftre que chofes igno-
rantes, malfaites, indignes d'en faire cas, & qui ne
deuffent feruir de paffetemps qu'aux varlets & menu populaire, & non aux perfonnes graues. Et
voudrois bien qu'on euft banny de France telles
ameres efpiceries qui gaftent le gouft de noftre langue, & qu'au lieu on y euft adopté & naturalifé la
vraye Tragedie & Comedie, qui n'y font point en-

cor à grand' peine paruenues, & qui toutefois au-
roiét auſſi bonne grace en noſtre langue Françoiſe,
qu'en la Grecque & Latine. Pleuſt à Dieu que les
Roys & les grands ſçeuſſent le plaiſir que c'eſt de
voir reciter, & repreſenter au vif vne vraye Tragedie ou Comedie en vn theatre tel que ie le ſçaurois
bien deuiſer, & qui iadis eſtoit en ſi grande eſtime
pour le paſſetéps des Grecs & des Romains, ie m'o-
ferois preſque aſſeurer qu'icelles eſtans naifuement
iouees par des perſonnes propres, qui par leurs ge-
ſtes honeſtes, par leurs bons termes, non tirez à force du latin, & par leur braue & hardie prononcia-
tion ne ſentiſſent aucunement ny l'eſcolier, ny le
pédante, ny ſur tout le badinage des Farces, que les
grands diſ-ie ne trouueroient paſſetemps (eſtans re-
tirez au paiſible repos d'vne ville) plus plaiſant que
ceſtuy-cy, i'entens apres l'eſbat de leur exercice, a-
pres la chaſſe, & le plaiſir du vol des oiſeaux. Au
reſte ie ne me ſoucie (en mettant ainſi par eſcript)
d'encourir icy la dent outrageuſe, & l'opinion encor brutale d'aucuns qui pour l'effect des armes de-
ſeſtimét & dedaignent les hommes de lettres, comme ſi la ſcience, & la vertu, qui ne giſt qu'en l'eſprit,
affoibliſſoit le corps, le cœur & le bras, & que Nobleſſe fuſt deshonoree d'vne autre Nobleſſe, qui eſt
la Science. Que nos ieunes courtiſans en hauſſent
la teſte tant qu'ils voudront, leſquels voulants hon-
neſtement dire quelqu'vn fol, ne le font qu'appeller
Poëte ou Philoſophe, ſoubs ombre qu'ils voient
(peut eſtre) ie ne ſçay quelles Tragedies, ou Comedies qui n'ont que le tiltre ſeulement ſans le ſubiect, ny la diſpoſition, & vne infinité de Rymes ſans
art

art ny science, que font vn tas d'ignorants, qui se
meslants auiourd'huy de mettre en lumiere (à cause de l'impression trop commune, dont ie me plains
à bon droit, tout ce qui distille de leur ceru=eau mal
tymbré, font des choses si fades, & malplaisantes,
qu'elles deussent faire rougir de honte les papiers
mesmes, aux cerueaux desquels est entree ceste sotte opinion de penser qu'on naisse, & qu'on deuien-
ne naturellement excellent en cest art, auec vne fureur diuine sans suer, sans feuilleter, sans choisir l'inuention, sans limer les vers, & sans noter en fin de
compte qu'il y a beaucoup de Rymeurs, & peu de
Poëtes. Mais ie ne dois non plus auoir de honte
de faire des Tragedies, que ce grand empereur Au-
guste, lequel nonobstant qu'il pouuoit tousiours
estre empesché aux affaires du monde, a bien pris
quelquefois le plaisir de faire vne Tragedie nom-
mee Aiax, qu'il effaça depuis, pour ne luy sembler,
peut estre, bien faitte: mesmes que plusieurs ont
pensé que ce vaillant Scipion auec son Lælius a fait
les Comedies que lon attribue à Terence. Non
que ie face mestier ny profession de Poësie: car ie
veux bien qu'on sçache que ie ne puis (à mon grãd
regret) y despendre autre temps (à fin qu'on ne
me reproche que i'en perde de meilleur) que celuy
que tels ignorants de Cour employent coustumie-
rement à passer le temps, à iouer & à ne rien faire,
leur donnant congé de n'estimer non plus mes es-
cripts que leurs passetéps, leurs ieux, & leur fainean-
tise. Mais ce pendant qu'ils pensent, que si lon est
fol en Ryme, qu'ils ne le font pas moins en Prose,
comme dit Du-Bellay. N'est ce pas plus grande

mocquerie à eulx d'engager leur liberté, & la rendre miserablement esclaue, de laisser legerement le
paisible repos de leur maison de forcer leur naturel,
bref de ne sçauoir faire autre chose que de contre-
faire les grands, d'vser sans propos de finesses friuo-
les, de prester des charitez, de faire vertu d'vn vice,
de reprendre à la mode des ignorants ce qu'ils n'en-
tendent pas, & de faire en somme profession de ne
sçauoir rien ? Pour conclusion, ie n'ay des histoires
fabuleuses médié icy les fureurs d'vn Athamãt, d'vn
Hercules, ny d'vn Roland, mais celles que la Verité
mesme a dictees, & qui portét assez sur le front leur
saufconduit par tout . Et par ce qu'il m'a esté force de faire reuenir Samuël, ie ne me suis trop amusé
à regarder si ce deuoit estre ou son esprit mesmes,
ou bien quelque fantosme, & corps fantastique, &
s'il se peut faire que les esprits des morts reuiennent
ou non, laissant la curiosité de ceste dispute aux
Theologiens . Mais tant y a que i'ay leu quelque
Autheur, qui, pensant que ce fust l'ame vraye de Samuël qui reuint, ne trouue cela impossible, comme
disant qu'on peult bien pour le moins faire reuenir
l'esprit mesmes d'vn trespassé, auant l'an reuolu du
trespas, & que c'est vn secret de Magie . Mais i'auray pluftoft fait de coucher icy les propres mots latins de cest Autheur nommé Corneille Agrippe,
qui sont tels en son liure de la vanité des Sciences,

Au lieu où
il parle de
Magie. alleguant Sainct Augustin mesmes, *In libris Regum
legimus Phytonissam mulierem euocasse animam Samuëlis : licet plerique interpretentur non fuisse animam Pro-
phetæ, sed malignum spiritum qui sumpserit illius ima-
ginem : tamen Hebræorum magistri dicunt, quod etiam*

Auguſtinus ad Simplicianũ fieri potuiſſe non negat, quia fuerit verus ſpiritus Samuëlis, qui ante completum annum à diceſſu ex corpore facile euocari potuit, prout docent Goetici. Combien qu'vn autre en ſes Annotations Latines ſur la Bible, allegue Sainct Auguſtin au contraire : toutefois ie trouue qu'Agrippe (homme au reſte d'vn merueilleux ſçauoir) erre grandement (dont ie m'eſmerueille) de penſer que Samuël reuint dãs l'an de ſa mort, veu que Ioſephe en ſes Antiquitez, dit notamment que Saul regna viuant Samuël dixhuit ans, & vingt apres ſa mort, au bout deſquels on fit reuenir par enchantements l'ombre du Prophete. Sainct Paul aux Actes des Apoſtres, adiouſtant encor deux ans au regne de Saul, plus que Ioſephe, raconte là qu'il regna X L. ans. Ie ſçay que les Hebrieux, & qu'auiourd'huy les plus ſubtils en la Religion tiennent ſans doubte, que c'eſtoit vn Diable ou dæmon que fit venir la Phytoniſſe, & non l'eſprit vray de Samuël. Mais d'autre part ie voudrois bien qu'ils m'euſſent interpreté ou accordé ce que dit Salomon en ſon Eccleſiaſtique, qui parlant de Samuël dit ainſi : *Et apres qu'il fut mort il prophetiſa, & monſtra au Roy la fin de ſa vie, & eſleua ſa voix de la terre en prophetie.* Et ſi ma Muſe ſ'eſt (comme maugré moy) en ſ'eſgayant quelque peu eſpaciee hors les bornes eſtroictes du texte, ie prie ceulx la qui le trouueront mauuais, d'abbaiſſer en cela vn peu leur ſourcy plus que Stoique, & de penſer que ie n'ay point tant deſguiſé l'hiſtoire, qu'on n'y recognoiſſe pour le moins quelques traicts, ou quelque ombre de la verité, cõme vrayſemblablement la choſe eſt aduenue: m'eſtant prin-

Liure 6.

Chap. 13.

Chap. 46.

cipalement aidé de la Bible, à ſçauoir des liures des
Roys & des Chroniques d'icelle, & puis de Ioſephe
& de Zonare grec. Or par ce que la France n'a
point encor de vrayes Tragedies, ſinon poſſible tra-
duittes, ie mets ceſte cy en lumiere ſoubs la faueur
du nom de vous, Madame, comme de celle qui
preſque ſeule de noſtre aage fauoriſez les arts &
les ſciences, qui ſeront tenues auſſi pour ceſte cauſe
de vous publier à la poſterité, pour luy recommander voſtre gentil eſprit, ſçauoir & courtoiſie, à fin
qu'elle entende que vous auez quelquefois fait cas
de ceulx qui ont quelque choſe oultre ce vulgaire
ignorant & barbare. Car i'ay autrefois conclud
que vous ſerez ma ſeule Muſe, mon Phœbus, mon
Parnaſſe, & le ſeul but où ie rapporteray mes eſ-
cripts. Mais il ſemble qu'il ne me ſouuienne plus
que ie fais icy vne Epiſtre & non vn Liure.

Pour donc faire fin, ie ſupplie D i e v, Madame,
qu'il n'aduienne à vous, ny à voſtre excellente maiſon, choſe dont on puiſſe faire Tragedie.

INVOCATION A DIEV.

Ie ne daigne inuoquer ces Muſes en mes vers,
Ne ma Thalie auſſi de qui mon nom ſe tire,
Ie ne daignerois plus de ces Fables eſcrire,
N'inuoquer le ſecours d'vn tas de Dieux diuers:
Ie t'inuoque pluſtoſt Seigneur de l'vniuers,
Vien t'en à moy de grace & ton eſprit m'inſpire,
A fin que par mes vers à ton beau Ciel i'aſpire,
Non point aux vains honneurs d'vn tas de lauriers verds :
Vien conduire ma plume, à fin qu'à ton honneur
Le premier ie deſcriue auecques vn hault ſtyle,
Le premier Roy qu'au Monde as eſleu d'vn clin d'yeux:
Aiant tant de faueurs, ie te promets Seigneur,
De ne chanter que toy, faiſant ton Euangile,
Ta grandeur & ton nom retentir iuſqu'aux Cieulx.

L'ARGVMENT PRIS DV PRE-
MIER LIVRE DES ROYS.

LE Prophete Samuël auoit vn iour commandé à
Saul (qui eſt le Roy que D I E V eſleut iadis à
la requeſte du peuple d'Iſraël) qu'il euſt à mettre à
ſac, & à mort non ſeulement les perſonnes, mais
tout ce qui reſpireroit dans vne ville nómee Amalec, à cauſe d'vne vieille offenſe dont la diuine Maieſté ſe vouloit lors reſentir. Ce que n'aiant du
tout exécuté Saul, ains aiant par meſgarde, ou par
quelque raiſon humaine, reſerué le plus beau beſtail
(comme en intention d'en faire ſacrifice à D I E V)&
aiant pour quelque reſpect ſauué vif d'vn tel maſ-
ſacre Agag le Roy de ces Amalechites : il ne ceſſa
depuis d'eſtre en la male-grace de D I E V, d'aller en
decadence, & de perdre par interualle ſon ſens (luy
qui auoit eu du commencement tant de triomphes,
de biens & d'honneurs) tant qu'à la fin Dieu luy
ſuſcite icy vn puiſſant ennemy, à ſçauoir Achis Roy
des Philiſtins: & luy aduindrent les pitoyables choſes que facilement (tout céla preſuppoſé) on en-
tendra aſſez par le diſcours de la Tragedie.

LES PERSONNAGES.

Le Roy Saül.

Ionathe,

Abinade, & } *fils de Saul.*

Melchis.

Le Premier Efcuyer } *de Saul.*

Le Second Efcuyer

La Phytoniffe *Negromancienne.*

L'Efprit de Samuël.

Vn Soldat Amalechite.

Vn Gendarme.

Dauid.

Le Chœur, ou l'Affemblee des Prefbtres Leuites.

SAVL LE FVRIEVX,
TRAGEDIE.

ACTE PREMIER.

SAVL *tout furieux,* **IONATHE,** Abinade, & Melchis.

SAVL.

AS mon Dieu qu'eſt-ce cy? que
 voy-ie mes ſoldarts?
Quell' eclipſe obſcurcit le ciel de
 toutes parts ?
D'où vient deſia la nuict, & ces
 torches flambantes
Que ie voy dans la mer encon-
tre val tombantes ?
Tu n'as encor, Soleil, paracheüé ton tour,
Pourquoy doncques pers tu ta lumiere en plein iour?

IONATHE.

Mais, Sire, qui vous trouble ainſi la fantaiſie?
Eſt-ce doncques l'humeur de ceſte frenaiſie
Qui par fois vous tourmente & vos yeux eſblouit ?

SAVL.

Sus doncques, ce pendant que la Lune reluit

Chargeons nos ennemis: sus donc, qu'on les saccage,
Qu'on face de leurs corps vn horrible carnage :
Qu'on aille de leur sang la plaine ensanglanter.
Ne les voy-ie pas là parmy l'air volleter?
Allons apres, à fin que de mon cymeterre
Ie les face tomber presentement par terre.
Mais n'en voy-ie pas trois qui me regardent tant?
Ca, que de mon Epieu, puis qu'ils vont m'espiant,
Ie les enferre tous .

IONATHE.

Mais que voulez vous dire,
De vouloir furieux vos trois enfans occire,
Et moy vostre Ionathe? Or voila l'insensé
Qui dans son pauillon tout à coup s'est lancé,
Et qui m'eust fait oultrage en sa folle cholere,
Comme s'il n'estoit plus le Roy Saul mon pere.

Abinade, Melchis, Ionathe.

ABINADE.

que ceste Fureur le prend mal à propos,
Tandis que nous auons la guerre sur le dos!
Ah que n'est or icy la puissante harmonie
De ta harpe ô Dauid pour chasser sa manie!

MELCHIS.

Mais Dauid n'est icy, & dit on qu'il s'est mis
Pour seruir d'vn Chef mesme au camp des Ennemis.

IONATHE.

Non non, toute l'armee à la fin s'est deffaitte
De luy, tenant sa foy & sa loy pour suspecte,
Et s'en va maintenant en son bourg Sicelec,
Qu'on dit estre pillé par la gent d'Amalec,

Et sil

Et s'il en a vengeance il ne tardera gueres
Qu'il ne vienne en ce lieu.

ABINADE.

Mais n'oyez vous mes Freres
Le retentissement dont se plaignent les vaux,
Et le hennissement que font tant de cheuaux?
N'oyez vous point le cry, le bruit & la tempeste
Du camp des Philistins qui contre nous s'appreste?
En voyant de si pres flamboyer l'appareil
D'Achis nostre ennemy, faut il auoir sommeil?

MELCHIS.

Mais las que ferons nous? le Roy ne peut entendre
Au maniment public.

IONATHE.

C'est à nous à le prendre,
En laissant nostre Pere hors de son sens aller,
Et parlant maintenant de ce qu'il faut parler.
Pensons doncques à nous, & auec diligence
Epluchons les moiens pour nous mettre en defense,
Ressemblants au pasteur, lequel d'vn soing qu'il a,
Sur ses trouppeaux paissants iette l'œil çà & là,
Pour voir si deuers luy le loup vient des montaignes,
Ou s'il sort point des bois pour descēdre aux campaignes:
Que si lon est pesant, nos peuples receuront
Vne grande vergongne auiourd'huy sur le front,
Nostre Cité sera pleine de volleries,
Nous serons exposez à mille mocqueries,
Nos Femmes auiourd'huy, nos Enfans orphelins
Seront deuant nos yeux la proye aux Philistins.

ABINADE.

Mais quoy de les combattre aura on le courage,
Veu qu'ils ont par sus nous de gents tel aduantage?

IONATHE.

N'eſt ce pas Dieu qui peut en ſouflant ſeulement
Mil, & mil eſquadrons deffaire en vn moment?
Voudroit-il bien qu'on viſt ſon Arche venerable
Honorer de Dagon le temple abominable?
Nous irons en battaille auec l'aide de D I E V,
Plus ſeure que le fer, la lance, & que l'Epieu:
Fuſſent ils cent fois plus, s'il prend noſtre defenſe
Contre eux ſes ennemis feront ils reſiſtance?
Puis nous ne ſommes pas aux armes apprentis,
Qui tant de peuples forts auons aſſubieĉtis,
Teſmoings ces Philiſtins, teſmoings ſont les Moabes,
Et le cruel Naaſés, & la ville de Iabes,
Deliuree par nous, teſmoing le dur courroux
De D I E V contre Amalec executé par nous,
Teſmoings les Roys de Sobe, & la gent Idumee,
Qui de ſes palmes vit honorer noſtre Armee,
Si doncques nous ſçauons nos ennemis donter,
Qu'eſt ce qui nous pourroit ores eſpouuanter
Aiant de noſtre part la querelle equitable?
„ De deffendre ſa vie eſt il pas raiſonnable?
Ioinĉt qu'encore la terre où ſont nos ennemis,
Et tous les biens qu'ils ont nous ſont de D I E V promis.
Ne nous tiennent ils pas l'heritage fertile,
Le terroir dont le miel, & dont le laiĉt diſtille?

ABINADE.

Mais vous ſçauez auſſi combien eſt le haſart
Des battailles douteux pour l'vne & l'autre part.

IONATHE.

Nous vainqueurs ſerions nous vaincus des Infidelles,
Vaincus autant de fois qu'ils ont eſté rebelles?
Ne vit on pas leurs corps infeĉter les chemins

Iuſqu'aux murs d'Aſcalon, & iuſques dans leurs fins,
Eſtant ſuiuis de nous quand Dauid fit ſus l'herbe
Choir l'orgueil & le tronc du Geant trop ſuperbe?
Et de nos mains iadis ſ'en ſauua il aucun,
Quand nous fuſmes contraints de les pourſuiure à ieun?
Deuons nous donc pallir de voir icy l'armee
Qui nous fait qu'enrichir d'or & de renommee?
Vit on pas vn Sanſon appreſter aux maſtins
Par vn ſeul os fatal mil corps des Philiſtins?
Donc ne faut que par nous laſchement ſe deſtruiſe
La gloire qu'on nous a de ſi long temps acquiſe.

MELCHIS.

Quoy? voulez-vous Ionathe, ainſi ſans autre eſgard
Iouer de noſtre reſte, & nous mettre au haſard?

IONATHE.

Neceſſité nous force: & puis qu'il faut qu'on meure,
Vault il pas mieux mourir vaillamment à ceſte heure,
Qu'attendre les vieux ans pleins d'oiſiue langueur,
Ennemis de vertu, de force & de vigueur?
Qu'on louë qui voudra la vieilleſſe debile,
Pour ſon graue conſeil, pour ſon aduis vtile,
Il n'eſt que l'ardeur ieune, & d'auoir au menton
Pluſtoſt l'or que l'argent, voire encore deuſt on
Eſprouuer mil hazarts, & par mainte aduenture
Sacrer ſon nom heureux à la gloire future:
Haſtons nous donc auant que le deſtin tardif,
Nous face languir vieux en vn lict maladif,
Et prodiguons diſpoſts ceſte mortelle vie,
Qui d'vne autre eternelle apres ſera ſuiuie,
Ie me tuerois pluſtoſt que de me veoir ſi vieux
Trainner deſſus trois pieds mes iours tant ennuyeux,
Aux hommes deſplaiſant, faſcheux, melancholique,

Et du tout inutile à la chose publique,
Puis sans estre à la fin ny honoré, ny plaint,
Deualler aux enfers comme vn tison estaint.
Pour doncques n'enuieillir, allons nostre iouuence
Et son printemps offrir par le fer de la lance
A l'immortalité, receuant mille coups,
Plustost en l'estomac qu'vn seul derriere nous,
Allons mourir pour viure, en faisant vne eslite
De mille morts, plustost que de prendre la fuitte:
Mordons auant le champ couuert de nostre sang,
Que reculler vn pas de nostre premier rang.

MELCHIS.

La donc, mes Freres chers, qu'vne braue victoire
Face de nostre nom perennifer la gloire,
Ou receuons au moins vn glorieux trespas,
Dont de mil ans le los deffaict ne sera pas:
Car quand nous serons morts vne dolente tourbe,
Tenant sus nostre corps la face long temps courbe,
Nous ira regrettant & vantant nos valeurs,
Respandra dessus nous vne pluie de fleurs.
Allons doncques, allons, c'est vne sainte guerre,
S'armer pour le salut de sa natiue terre.
Aions tous auiourd'huy la victoire ou la mort.

IONATHE.

Mais ne sommes nous pas tous d'vn semblable accord?

ABINADE.

Doncques que tardons nous, hé voulons nous attendre
Que ce fier Roy Achis nous vienne icy surprendre?
Mais par vn contr'assault monstrons luy qu'à son dam
Il assault ses vainqueurs.

MELCHIS.

Voyons donc nostre Camp,

Allant de rang en rang, & par vn beau langage
Faisons à nostre peuple enfler tout le courage,
Faisons luy tenir ordre, à fin que le Soldat,
Et tous nos gents soient prests pour marcher au combat,
Diuisants à nous trois nostre Armee commune,
Et puis d'vne bataille essayons la fortune.

ABINADE.

Tenons les premiers rancs: mais quoy? ie sens mes pieds
Estre, ce m'est aduis, à la terre liez.

IONATHE.

Ia ia mon cœur bouillant de donner la battaille
Ne se peut contenir qu'à cest' heure il n'y aille,
Mais mon pied m'a fait presque en chancelant tomber.

MELCHIS.

Ne voy-ie pas d'en haut vn gauche esclair flamber?

IONATHE.

Ne laissons pas d'aller: est il aucun presage
Qui puisse abastardir nostre ferme courage?
Non non, sus donc marchons: & vous, ô sacré Chœur,
Priez Dieu ce pendant qu'Israel soit vainqueur.

Le Chœur des Presbtres Leuites.

PVIS que nous prions pour tous,
D'aller en guerre auec vous
Nous sommes exempts & quittes,
Nous dis-ie Presbtres Leuites:
Allez donc Princes heureux,
Allez Princes valeureux,
Et par vos vertus guerrieres
Chassez hors de nos frontieres
L'outrecuidé Philistin:

Allez, monstrez le chemin
De combattre à vos Gendarmes:
Donnez premiers les alarmes:
Et puis que vostre valeur,
Vostre sang & vostre cueur
Des le berceau vous incite,
Au salut Israëlite,
Monstrez qu'à bon droit du Roy,
Qui premier a par sa loy
La Iudee assubiettie,
Vostre naissance est sortie,
 Mais toy, Ionathe, sur tous
Le plus beau, gentil & doux,
Que le Soleil voye au monde,
Et en qui sur tous abonde
La grace de tant de biens
Que D I E V eslargit aux siens,
Toy dis-ie vertueux Prince,
A qui le courage grince,
De battailler, tu seras
Nostre Escu, & chasseras,
Esbranlant ton cymeterre,
L'ennemy de nostre terre,
Comme tu feis l'autre fois,
Quand de luy tu triomphois,
Et que tu pauois la voye
De son sang & de sa proye.
 Mon Dieu qu'on seroit content
Si tu en faisois autant
Comme tu en feis adoncques!
Mais ne te verrons nous oncques
Dessus vn char glorieux

Reuenir victorieux,
Et la gent Israëlite
Triompher soubs ta conduitte,
Enrichie du butin
Du rebelle Palestin?
Tous ont desia ceste attente,
De baiser la main vaillante,
Qui nous aura tant occis
De peuples incirconcis:
Lors chascun d'vn nouueau Psalme
Merçira Dieu de ta Palme,
O que puisses tu de bref,
Portant sus ton noble chef
La couronne paternelle,
Regir ton peuple fidele,
Mais quoy qu'il en doiue eschoir.
O Dieu soit fait ton vouloir.

ACTE DEVXIEME.

Le Premier Escuyer de Saul.

ON Dieu quelle fureur & quelle fre-
naisie
A n'agueres du Roy la pensee saisie!
O spectacle piteux de voir leans vn Roy
Sanglant & furieux forcener hors de
soy,
De le voir massacrer en son chemin tout homme!
Il detranche les vns, les autres il assomme,
D'autres fuyent l'horreur de son bras assommant:
Mais or ie l'ay laissé de sang tout escumant,

B iiij

SAVL LE FVRIEVX,

Cheut dans son pauillon, où sa fureur lassee,
Luy a quelque relasche à la parfin causee,
Et dort aucunement, d'icy ie l'oy ronfler,
Ie l'oy bien en resuant sa furie souffler.
Il repaist maintenant son ame d'vn vain songe,
Ores ses bras en l'air & ses pieds il allonge,
Ores en souspirant resue ie ne sçay quoy :
Par ainsi son esprit de sa fureur n'est coy.
Ores sur vn costé, or sur l'autre il se vire,
Pendant que le sommeil luy digere son ire :
Mais comme l'Ocean du vent d'où est soufflé
Se tempeste long temps & deuient tout enflé,
Et iaçoit que du vent cesse la rage horrible,
Son flot n'est pas pourtant si tost calme & paisible,
Ainsi de son esprit la tourmente, & les flots
Qu'esmouuoit sa fureur, ne sont or en repos :
Car tantost estendu, gisant comme vne beste,
Il regimboit du pied & demenoit la teste.
Mais le voicy leué, voyez comme ces yeux
Estincellent encor' d'vn regard furieux !

SAVL ET L'ESCVYER.

OYLA le iour venu, ia l'aurore vermeille
A bigarré les cieux : ça ça qu'on m'appareille
Mon arc, que ie decoche à ces mõstres cornus
Qui dans ces nues la se combattent tous nus.
L'ESC.   Hé quelle resuerie a troublé sa ceruelle !
SAVL.
Ie veux monter au ciel, que mon char on attelle,
Et comme les Geants entassants monts sur monts,
Ie feray trebuscher les Anges & Dæmons,

Et seray Roy des Cieux, puis que i'ay mis en fuite
Mes ennemis, dont i'ay la semence destruite.

L'ESCVYER.

Mais que regarde il? helas qu'est-ce qu'il fait?
Ie le voy tout tremblant, tout pensif, & deffaict.
O quelle face ardente! ô Dieu ie te supplie,
Qu'auecques son sommeil s'en aille sa follie.

SAVL, reuenant à soy.

Mais quel mont est-ce icy? suis-ie soubs le réueil
Ou bien soubs le coucher du iournalier Soleil?
Est-ce mon Escuyer, & la trouppe Leuite
Que ie voy? qu'ay-ie fait qu'on prend pour moy la fuite?
Mais qui m'a tout le corps saigneusement noircy?
D'où sont ces Pauillons? quel pais est-ce icy?
Mais dy moy où ie suis, mon Escuyer fidele?

L'ESCVYER.

Ne vous souuient il plus, ô Sire, qu'on appelle
Ce mont cy Gelboé, où vous auez assis
Vostre Camp d'Israël pour marcher contre Achis,
Qui a campé cy pres sa force Philistine,
Pour du tout renuerser vostre Armee voisine,
Contre qui ia vos Fils auec vne grand' part
Du peuple sont allez hors de nostre rampart,
Pour donner la battaille : or qu'on se delibere,
Ou d'y pouruoir bien tost, ou d'auoir mort amere.
Reprenez vostre force & vostre sens rassis,
A fin que ne soyons proye aux Incirconcis.
Mais vous estes muet & deuenez tout blesme?

SAVL.

Ha ha ie sens, ie sens au plus creux de moy mesme
Ramper le souuenir de mes cuisans ennuis,
Qui rafreschit les maux où abismé ie suis,

Ie sens dedans le cueur des pensers qui me rongent,
Et qui dans vne mer de tristesses me plongent :
Aumoins en sommeillant poussé de ma fureur
Ie trompois mes ennuis par vne douce erreur,
Mais or' que feray-ie ! vne fois DIEV me chasse,
Me bannit & forclôt de sa premiere grace.
Helas tousiours le vent la grande mer n'esmeut,
Tousiours l'hyuer ne dure, & l'air tousiours ne pleut,
Tout prend fin, faut-il donc que ta longue cholere,
O grand DIEV dessus moy sans cesse perseuere?
Ie suis hay de toy, & des hommes aussi:
I'ay cent mille soucis, nul n'a de moy soucy:
Mais dy l'occasion d'vne si grande haine,
Dy la raison pourquoy i'endure telle peine?
Mais helas qu'ay-ie fait, qu'ay-ie lás merité,
Que tu doiues ainsi tousiours estre irrité ?

L'ESCVYER.

Ne vous souuiët il plus que DIEV par son Prophete
Vous commanda vn iour de faire vne deffaite
Sur tous ceulx d'Amalec, qui nous feirent arrests
Quand nous veismes d'Ægypte, & qu'il voulut exprés
Qu'on n'espargnast aucun , mais quand vous ruinastes
Ce bourg, vous & vos gents de malheur pardonnastes
Au bestail le plus gras, & contre le vouloir
Que DIEV par Samuel vous fit ainsi sçauoir,
Tout ne fut mis à sac, ains par grand courtoisie
Au triste Roy Agag vous laissates la vie,
Plustost que de souiller dedans son sang vos mains?

SAVL.

,, O que sa Prouidence est cachee aux humains !
Pour estre donc humain i'esprouue sa cholere,
Et pour estre cruel il m'est donc debonnaire.

Hé Sire, Sire las! fault il donc qu'vn vainqueur
Pluſtoſt que de pitié vſe fier de rigueur,
Et que ſans regarder qu'vne telle fortune
Eſt auſſi bien à luy qu'a ſes vaincus commune,
Egorge tant de gents? vault il pas mieux auoir
Eſgard à quelque honneur, qu'à noſtre grand pouuoir?

L'ESCVYER.

Gardez de parler, Sire, ainſi ſans reuerence
Du deſtin de la haut, & par inaduertance
Vn plus grand chaſtiment du Seigneur n'accroiſſez,
Mais pluſtoſt ſa Iuſtice humble recognoiſſez,
Sans accuſer ainſi voſtre celeſte Maiſtre:
Ne vous ſouuient il plus de voſtre premier eſtre?
Songez en premier lieu que vous eſtes le fils
D'vn ſimple homme des champs qui eſtoit nommé Cis,
Iſſu de Beniamin, race la plus petite,
Et la derniere encor du peuple Iſraëlite,
Dont le moindre il eſtoit: ſongez doncques au temps
Que l'vn de ſes trouppeaux ſ'eſgara par les champs,
En reuenant au ſoir ſans aucune conduitte,
Et qu'il vous commanda d'aller à la pourſuitte:
Songez qu'aiant long temps par monts, par bois erré,
Sans pouuoir rencontrer le beſtail adiré,
En fin il vous aduint l'aduenture fatalle
Qui vous a fait auoir la dignité Royalle,
Car le grand Samuël Prophete & Gouuerneur
D'Iſraël eſtoit lors atiltré du Seigneur
A eſpier le temps que vous eſtiez en queſtes,
A fin que vous aiant dit nouuelles des beſtes,
Il vous ſacraſt le Roy des hommes Hebrieux,
Le premier, & plus grand qui fut iamais ſur eux:
Songez qu'aiant le regne il vous a fait acquerre

La victoire en tout lieu qu'ayez mené la guerre:
   Songez premierement que des le premier an
Entra dans vos païs vn merueilleux tyran,
C'est à sçauoir Naasés le Roy des Ammonites,
Qui brauant fourrageoit vos bourgs Israëlites.
Il estoit si cruel & fier, qu'aux Hebrieux
Qui se rendoient à luy il creuoit l'vn des yeux,
Et vouloit tout expres n'arracher que l'œil dextre,
Afin que la rondelle empeschant la senestre,
Ils n'eussent plus d'adresse aux armes pour seruir
A la chose publique : il vous doit souuenir
Qu'il veint assiéger la ville renommee
De Iabes, qu'vn herault apres l'auoir sommee,
Pressa les Citoiens d'aduiser promptement,
Ou de se rendre serfs, perdant l'œil seulement,
Ou d'attendre le sac & la mort douloureuse,
Et qu'iceux estonnez d'offre si rigoureuse,
Tost despecherent gents vous requerir secours,
Aiant pour cest effect eu tresues pour sept iours:
Vous inspiré de DIEV leuastes vne Armee
Comme vous de vengeance, & d'ardeur enflammee,
Et vintes courageux deliurer la Cité
D'vn siège, d'vn sac, & d'vne cruauté,
Vous surpristes Naasés, vous fistes vn carnage
De luy, de tout son camp, & de tout son bagage,
Ce qui vous donna lors grand' reputation,
Et grand' authorité vers toute nation.
   Songez apres au temps que ces Philistins mesme
Armerent contre vous vne puissance extréme,
Qui en nombre sembloit le grand sable des Mers,
Et que malicieux destournerent nos fers,
Mesmes nos Armuriers, à fin que n'ayant lance

Ny armes, ne peußions leur faire resistance.

Songez qu'en tel estat, n'estant accompagné
Que d'vn camp desarmé & d'vn peuple estonné,
Vostre seul fils Ionathe auecques son adresse
Hardy vous deliura d'vne telle destresse,
N'ayant qu'vn Escuyer surprit les ennemis,
Dont il en tua vingt qu'il trouua endormis,
Et leur fit tel effroy, que tous prindrent la fuitte,
Iettans leurs armes bas: vous donc à la poursuitte
Accreustes le desordre, & auec leurs cousteaux
Vous les fistes seruir de charongne aux corbeaux:
Mais au lieu d'honorer Ionathe & sa vaillance,
Il eut presque de vous la mort en recompense;
A cause de ce miel qu'il mangea, sans sçauoir
L'Edict qui defendoit de ne manger qu'au soir.

Et bref, songez vn peu à tant d'autres Victoires
Que D I E V vous fit auoir, & qui sont prou notoires.
Doncques pour tant d'honneurs ce bon D I E V merciez,
Et pour si peu de mal point ne l'iniuriez,
Qui vous a pourchassé de sa benigne grace
Les Sceptres que par fer & par feu lon pourchasse.

S A V L.

Ie sçay bien qu'aux mortels appeller il ne faut
De son Arrest fatal decidé de la haut,
Mais il a maintenant esmeu la Palestine.
A fin d'executer l'Arrest de ma Ruine,
Donc ie veux assouuir sa rigueur, & suis prest
De mourir maintenant, puis que ma mort luy plaist.

L'ESCVYER.

Ne vous desesperez, mais auecques fiance,
Et bon espoir prenez vos maux en patience,
Et vous ramenteuez la haine qu'à grand tort

SAVL LE FVRIEVX,

Vous porte₹ à Dauid d'auoir fait mettre à mort
Auec toute ſa race Achimelec Prophete,
A cauſe que Dauid fit che₹ luy ſa retraicte,
Et d'auoir deuil dequoy Dauid & Ionathas
S'ayment fidellement.

SAVL.

Mon Fils ne doit il pas
Hair auſſi celuy qu'à bon droit ie ſoupçonne
Qu'il ne luy oſte vn iour l'eſtat de ma Couronne ?

L'ESCVYER.

Mais ſans tant deſguiſer les maux qu'aue₹ commis,
Prie₹ Dieu qu'ils vous ſoient par ſa bonté remis,
,, L'inuoquant de bon cœur: à l'heure qu'on l'inuoque
,, On gaigne ſa faueur : mais lors on le prouoque
,, Au iuſte accroiſſement de ſa punition
Quand on ſe iuſtifie auec preſumption.

SAVL.

Há ne m'en parle plus, c'eſt follie d'attendre
Que le Seigneur daignaſt ſeulement me defendre,
Veu qu'ores il me hait, car ſi i'eſtois aymé
De luy comme deuant, il m'euſt or informé
De ce que ie ferois: mais ny par les meſſages
Des Anges ou Voyans, ny par aucuns preſages
Ny par les viſions qu'on voit à ſon ſommeil,
Il ne m'en a donné reſponſe ny conſeil.
Samuel, Samuel veritable Prophete,
Qu'ores n'es tu viuant ! las que ie te regrette,
Car tu me dirois bien ce que faire il me faut :
Mais toy meſmes Seigneur reſpons moy de la haut:
Dois-ie aller contre Achis ? dois-ie les armes prendre?
Le vaincray-ie ou non ? ou ſi ie me dois rendre?
Que de grace ta voix m'annonce l'vn des deux.

Mais puis qu'en te taisant respondre ne me veux,
Ie ne puis qu'esperer la victoire certaine
Qu'auront tant d'ennemis, & ma honte prochaine.
Ie suis tout esperdu pensant qu'ils sont si forts,
Et qu'on n'euitera l'horreur de cent mil' morts.
Las depuis que i'ay pris le Royal Diadesme
Le Soleil est venu en son cours quarantiesme,
Et dois-ie desormais me r'empestrer au soing
D'vne guerre sur l'aage, où i'ay plus de besoing
De paix & de repos ?

                L'ESCVYER.
Mais laissons ce langage,
Qu'il ne face faillir à nos gents le courage.

                SAVL.
I'ay l'esprit si confus d'horreur, de soing, d'effroy,
Que ie ne puis resoudre aucun aduis en moy:
Voila pourquoy ie veux soigneusement m'enquerre
De ce qu'il aduiendra de la presente guerre,
Pour voir à nous sauuer ou par honneste accord,
Ou par mort violente, ou par vn grand effort.

                L'ESCVYER.
Vous voulez donc sçauoir vne chose future?
Mais on peche en voulant sçauoir son aduenture.

                SAVL.
La sçachant on voit comme il s'y fault gouuerner.

                L'ESCVYER.
La sçachant pensez vous la pouuoir destourner?

                SAVL.
Le prudent peut fuir sa fortune maligne.

                L'ESCVYER.
L'homme ne peut fuir ce que le ciel destine.

                SAVL.

» Le malheur nuit plus fort venant à despourueu.

L'ESCVYER.

» Mais il cuit d'auantage apres qu'on l'a preueu.

SAVL.

Bref ie sçauray mon sort par l'art de Negromance.

L'ESCVYER.

Mais D I E V l'a defendu : mesme aiez souuenance
D'auoir meurtry tous ceux qui sçauoient ces secrets.

SAVL.

Hier ie despechay vn Escuyer expres,
Pour sonder finement si en quelque village.
Mais le voicy desia qui a fait son message.

Le Second Escuyer.

ON m'a, Sire, aduerty qu'icy pres est encor'
Vne Dame sorciere au lieu quon dit Endor,
Qui sçait transfigurer son corps en mille formes,
Qui des monts les plus hauts fait deualler les Ormes,
Elle arreste le cours des celestes Flambeaux,
Elle fait les esprits errer hors des tombeaux,
Elle vous sçait tirer l'escume de la Lune,
Elle rend du Soleil la clarté tantost brune
Et tantost toute noire en murmurant ses vers,
Bref elle fait trembler s'elle veut l'vniuers.

SAVL.

Allons nous trois chez elle, & faut quoy qu'il aduienne,
Que ie conduise à chef ceste entreprise mienne,
Puis que i'ay par son art à me rendre aduisé,
Allons pour l'asseurer en habit desguisé.

Le Chœur des Leuites.

O DIEV qui francs nous rendis
Du penible ioug d'Ægypte,
Et qui aux deserts iadis
Nous as seruy de conduitte
Aiant dans l'onde abismee
D'vn tyran l'ire, & l'armee:
 Or de ces incirconcis
Deliure ta gent fidelle,
Icy leur camp ont assis
Pour nous mettre à mort cruelle:
Ce sera vne grand' honte
Si leur force nous surmonte.
 Ils publieront en tous lieux
Que ta force est bien petite,
Puis que sauuer tu ne peux
Ton cher peuple Israëlite,
Et d'vne telle victoire
Ils se donneront la gloire.
 Mais nostre punition
En vn autre temps differe,
Car la grand' subiection
Nous donne assez de misere,
Estant subiects d'vn fol Prince
Qui regit mal sa Prouince.
 Israël donc est lassé
De ses premieres demandes,
Puis que tu és insensé,
O toy, qui premier commandes,
Et qui encores appliques
Ton esprit aux arts magiques,

Que maudit soit l'inuenteur
De la Magie premiere,
Et qui premier Enchanteur
Trouua premier la maniere
D'ouurir les portes aux choses
Que le Seigneur tenoit closes.

    Car vrayëment non moins nuit
Ceste Auant-science à l'homme,
Que le pernicieux fruict
De l'abominable Pomme.
Garde, ô Roy, qu'il ne te nuise
De parfaire ton emprise.

    Maudicts soient les Negromans,
Maudictes soient les Sorcieres,
Qui s'en vont desendormans
Les vmbres aux Cymetieres,
Violant les choses sainctes
Pour venir à leurs attaintes.

    Que la curiosité
De ces Deuins soit maudicte
Qui à tort la dignité
Des Prophetes contr'imite,
En pippant les ames folles
De leurs vanitez friuolles.

    Soit qu'ils deuinent par l'air,
Par feu, par terre, ou fumiere,
Ou par l'eau d'vn bassin clair,
Ou dedans vne verriere,
Ou par les lignes des paumes,
Ou par mil autres fantaumes.

    Tels furent les Enchanteurs
Que l'Ægypte encore prise,

Et qui vains imitateurs
De ce que faisoit Moyse,
Par leurs arts pleins de blasphemes
Faisoient ses miracles mesmes.

Tels furent ceulx que Saül
Fit mettre au fil de l'espee,
Et dont il n'eschappa nul
Qui n'eust la teste couppee:
Mais luymesme (ô grand' follie!)
Il croit ore à la Magie.

ACTE TROISIEME.

Vn Soldat Amalechite, & les Leuites.

N quel danger de mort, & en quelle sur-
prise
Ay-ie esté ce iourd'huy? qui eust creu l'entreprise?

LES LEVITES.
D'où s'en fuit cestui-cy? d'où luy vient
tel effroy?
Pourquoy regardet-il si souuent derrier soy?

LE SOLDAT.
Suis-ie icy en seurté du danger des espees,
Dont à grand' peine i'ay les fureurs eschappees?
O Dauid trop heureux de surprendre auiourd'huy
Ceulx qui t'auoient surpris!

LES LEVITES.
Il faut parler à luy.
Mais dy nous qui tu es, & d'où est la venue?
Est-ce point quelque allarme à noz gents suruenue?

LE SOLDAT.

Ie suis Amalechite, & si ne viens point or
De vostre camp Hebreu qui n'a desastre encor:
Mais ie viens lás d'vn cāp, non plus camp, ains deffaitte,
Que sur ceux d'Amalec Dauid n'aguere a faicte.

LES LEVITES.

Quoy? Dauid n'est il pas au camp des ennemis
Qui l'ont fait chef entre eux?

LE SOLDAT.

Ils l'ont en fin démis.
Il est bien vray qu'estant pour la grand' malueillance
Du cholere Saul tousiours en deffiance,
Au seruice d'Achis, comme desesperé,
(Ainsi qu'on voit souuent) il s'estoit retiré:
Mais les Seigneurs du camp furent d'aduis contraire,
De ne s'aïder point d'vn antique aduersaire,
Bien qu'on l'eust appointé, & que du Roy Achis
Il eust le bourg Sicelle assis dans ces pais,
Ne se pouuant fier à vn tel personnage
Qui ne pourroit complaire à son Roy, qu'au dommage
De leurs chefs: ce pendant nous autres d'Amalec
Le sçachants en tel lieu pillons son Sicellec,
Qu'il trouue retournant presque reduit en cendre:
Mais ie ne sçay comment il a peu nous surprendre,
Car aiants enleué bestail, femmes, enfans,
Vers nostre region nous allions triomphans,
Lors que voicy Dauid auec ses gents de guerre,
Qui ia loing nous surprend en mangeant contre terre,
Les vns yures, & las, les autres endormis,
Tant qu'il a ce iourd'huy nos gents en pieces mis.
Il reprent le butin: sans plus quatre cents hommes
S'en sont fuis comme moy sur des bestes de sommes.

LES LEVITES.
Voila ce qu'à bon droit vous auiez merité.
LE SOLDAT.
Mais voila comment i'ay ce massacre euité.
LES LEVITES.
Mais où veux tu soldat t'en aller à cest' heure?
LE SOLDAT.
Chercher en vostre Camp la fortune meilleure.
LES LEVITES.
Tu y peus donc aller, car les deux camps sont prests
De se charger l'vn l'autre, & sont icy aupres.
Voicy auec le Roy vestu d'estrange guize
La Dame Phitonisse. ô damnable entreprise!

LA PHITONISSE, SAVL,
Le premier & second Escuyer.

Viconques sois, Seigneur, qui viens,
    comme tu dis,
Au secours de mon art d'vn estrange
   pais,
Quel tort t'auroy-ie fait, que tu viens
   icy tendre
Vntel laqs à ma vie, à fin de me surprendre?
Es tu donc à sçauoir les cruels chastiments
Qu'a faicts le Roy Saul sur tous les Negromants?
SAVL.
N'ayes crainte de rien, ô Dame, i'en atteste
Le grand DIEV de la haut, & la vouste celeste,
Que ie tiendray ce cas si secret, que le Roy
N'en pourra iamais estre aduerty de par moy,
Et qu'il ne te fera iamais chose nuisible,

Mais plustoſt tout honneur, & bien, à ſon poſſible.

LA PHITONISSE.

Ie ne veux que le taire en cecy pour loyer.
En quoy doncques veux tu ma ſcience employer?

SAVL.

Or tu as ma fortune & ma deſtreſſe ouye,
Et ſi doncques tu as de me ſeruir enuie,
Fay moy venir icy par charmes & par vers
L'Eſprit de Samuël du plus creux des enfers,
A fin qu'en ce ſoudain & important affaire
Il me baille conſeil ſur ce que ie dois faire.

LA PHITONISSE.

Ce n'eſt pas le premier que mon merueilleux ſort
A rendu eſueillé du ſomme de la mort.
Et bien que le soleil ait la vingtieſme annee
Depuis que ce prophete eſt defunct, ramenee,
Ie ne lairray pourtant de contraindre auiourd'huy
Son Eſprit à venir en ce lieu maugré luy,
Et ce par mes Dæmons, deſquels l'eſclaue bande,
Forcee de mes vers, fait ce que ie commande.
Aiant donc fait icy les inuocations,
I'iray faire à l'eſcart mes coniurations.
  O Dæmons tout-ſçachants eſpars deſſoubs la Lune,
Si i'ay iamais de vous receu faueur aucune,
Si ie vous ay touſiours dignement honorez,
Si ie ne vous ay point dans vn cerne enſerrez,
Venez tous obeir à ma voix coniuree :
Vous auſſi que ie tiens dans ma Bague ſacree,
Comme eſclaues eſprits, ſi i'ay appris de vous
Tout ce que i'ay voulu, venez me ſeruir tous :
Et vous Diables leſquels fiſtes au premier homme
Gouſter à ſes deſpens de la fatale Pomme,

Vous, gloire des Enfers, Sathan & Belzebus,
Qui faictes aux humains commettre tant d'abus,
Et toy Leuiathan, Belial, Belfegore,
Tous, tous ie vous appelle: & vous Anges encore
Que l'arrogance fit auecques Lucifer
Culbuter de l'Olympe au parfond de l'enfer:
Si ie vous ay voué des le berceau mon ame,
Si de vous seuls dépend de ma vie la trame,
Venez faire vn grand faict, faisant venir d'embas
L'esprit d'vn qui faisoit de vous si peu de cas:
Monstrez vostre puissance à la semence humaine,
Monstrez si la Magie est vne chose vaine:
Le faisant maugré luy, voire maugré son D I E V,
Et les Anges aussi, reuenir en ce lieu:
Monstrez si vous sçauez contraindre la Nature,
Et si chasque element cede à vostre murmure:
Monstrez que vous poüuez les cieux ensanglanter,
Les Astres, & Phœbus, & la Lune enchanter.
Venez donc m'aïder. ainsi la grand' lumiere
N'illumine iamais la iournee derniere,
En laquelle icy bas on n'habitera plus,
D I E V damnant les mauuais, & sauuant ses esleus:
Ainsi iamais iamais ne vienne ce Messie
Duquel on vous menaçe en mainte prophetie.

  Esprit de Samuel que tardes tu là bas?
Mais quoy? il semble à veoir que tu ne faces cas
De mon art, de mes vers, de moy, ny de mon ire.
M'as tu donc à mespris? ne te puis-ie donc nuire?
Mais si nostre fureur tu poursuis d'allumer,
Ie iure ce grand Dieu, que ie n'oze nommer,
Qu'à la fin tu viendras, car la haste me presse.
Suis-ie donc vne vaine & folle enchanteresse?

Ay-ie donc defappris tout ce que ie fçauois?
Qui t'inuoqueroit donc d'une Theffalle voix,
Prompt tu obeïrois, & tu ris ma puiffance!
Mais de vous, mes Dæmons, fi tardifs ie m'offenfe,
Que ie peux chaftier, f'vne fois mon courroux
S'enflambe à voftre dam. aydez donc, ou ie vous.

LES LEVITES.

Mais où f'en court fans le Roy
Cefte Dame enchanteresse,
Qui de murmurer en foy
Des vers furieux ne cesse,
Et toute decheuelée,
Où va elle ainsi troublee?

SAVL.

Helas quelle horreur i'ay! ia tout mon poil f'herisse
Des hurlements que fait leans la Phitonisse,
Qui veut faire en secret fes coniurations!
Que t'en femble Efcuyer? queft-ce que nous ferons?
En l'oyant bien d'icy ie fens dans ma poictrine
Errer vn auant-crainte, & le cueur me deuine
Ie ne fçay quel malheur. lás oftez moy d'icy
Foudres & tourbillons. mais venir la voicy.

LE I. ESCVYER.

Sire, que fongez vous? voulez vous donc parfaire
Ce que vous fçauez bien eftre à DIEV tout contraire?

LA PHITONISSE.

Tu m'as donc abufee, ô miferable Roy,
Qui foubs vn faulx habit t'es peu celer à moy,
Et duquel à la fin i'ay fçeu toute la feinte.

SAVL.

Ie fuis tel que tu dis, mais de moy n'ayes crainte.
Qu'as tu veu?

L4

LA PHITONISSE.

Vn Eſprit plein de diuinité.
O qu'en luy reluiſoit vnę grand' maieſté!

SAVL.

Comme eſt-il ?

LA PHITONISSE.

Il eſt vieil, d'vn port moult venerable,
Greſle, & tout reueſtu d'vn ſurplus honorable.

SAVL.

Va, fais venir celuy à qui tu as parlé,
C'eſt Samuel pour vray, lequel m'a decelé.
Ie ſuis plus que la mer eſmeu quand peſle-meſle
La tourmentent les vents, la tempeſte & la greſle.
Mais quelle frayeur i'ay, que mes pauures Enfans
Du Combat où ils ſont ne viennent triomphans!

LE I. ESCVYER.

Las qu'eſt-ce que ie voy ? bon Dieu quelle merueille!
Quel fantoſme eſt-ce là ? Song'ay-ie, ou ſi ie veille?
Eſt-ce donc Samuel que luyſant en blancheur
Ceſte Sorciere améne ? ô que i'ay de frayeur!

LES LEVITES.

Permettez vous cecy, ô Dieu, ô Ciel, ô Terre!

LA PHITONISSE.

Sire, il ne reſte plus que maintenant s'enquerre
De ce que lon voudra, car ie vas redoubler
Mes coniurations pour le faire parler.

LES LEVITES.

La voyla qui encor regroumelle à l'oreille
De ce dolent Eſprit qui encor ne s'eſueille
Par ſes murmures vains. que n'as-tu obſcurcy
Tes rayons, ô Soleil, en voyant tout cecy?
O qu'on luy fait ſouffrir ! mais le Seigneur celeſte

SAVL LE FVRIEVX,

Qui tel art tout contraire à sa grandeur deteste,
Cecy ne peult permettre.

LA PHITONISSE.

Or ça vien derechef,
Et sans nous faire icy des signes de ton chef,
Dy nous d'vn parler vif ce que le Roy doit faire,
Et si ses trois Enfans du combat militaire
Viendront vainqueurs, ou non.

LES LEVITES.

Lás vne froide peur
Serre si fort du Roy la voix, l'ame, & le cueur,
Qu'il ne sçait or par où commencer sa requeste,
Mais, le genouil en terre, il encline sa teste
Deuant la maiesté de ce vieillard si sainct,
Qui secouant le chef, d'vn parler tout contrainct
Va rompre son silence.

L'ESPRIT DE SAMVEL.

O mauditte Sorciere,
Pourquoy me fais-tu veoir deux fois ceste lumiere?
Faulse Sorciere, helas, qui par vers importuns
Vas tourmentant tousiours les esprits des defuncts,
Qui desseches tousiours par ton faulx sorcelage,
Les vaches & les bœufs de tout le voisinage,
Qui effroyes tousiours au son de quelque sort
Les meres lamentans de leurs enfans la mort,
Vses-tu donc vers moy de magique menace?
Et toy Roy plus maudit, as-tu bien pris l'audace
De troubler le repos aux esprits ordonné,
Veu qu'encores ie t'ay d'autrefois pardonné?

SAVL.

Pardonné moy encor Prophete venerable,
Si la necessité & l'estat miserable

Où ie suis, me contraint de rompre ton sommeil,
A fin qu'en mon besoing i'aye de toy conseil,
Or sçaches qu'il y a cy pres vne tempeste
De Philistins armez pour foudroyer ma teste,
Les Prophetes & D I E V, le Ciel, la Terre, & l'Air,
Coniurants contre moy, ie t'ay fait appeller.

SAMVEL.

SI D I E V, la Terre, & l'Air coniurent ton dommage,
Pourquoy me cherches tu ? que veux-tu d'auantage,
Si par m'estre importun tu ne peux reculler
Aux maux qu'il pleut à Dieu par moy te reueler ?
Mais tu veux, adioustant offense sur offense,
Que ie prononce encor ta derniere sentence.

Sçaches doncques, que D I E V est ia tout resolu
De bailler ton Royaume à vn meilleur Esleu,
C'est Dauid dont tu as par ta maligne enuie
Tant de fois aguetté la iuste & droitte vie:
Mais tes faicts sur ton chef à ce coup recherront,
Car ton Regne & ta vie ensemble te lairront.
Tantost au bas enfers ie te verray sans doubte,
Toy, & ton peuple aussi qu'Achis doit mettre en route:
Par ainsi tes enfans seront pour tes forfaicts
Tantost auec leurs gens ruinez & deffaicts.

Encor apres ta mort toute ta race entiere
Rendra compte au Seigneur de ta vie meurtriere,
Car tes Fils, tes Nepueux, & ton genre total,
Auec mille malheurs verront leur iour fatal.
Par trahison les vns receuront mort piteuse,
Et le reste mourra en vne croix honteuse:
Et le tout pourautant qu'à la diuine voix
Obeï tu n'as point ainsi que tu deuois,
Qu'executé tu n'as sa vengeance dépite,

SAVL LE FVRIEVX,
(Comme ie t'auois dit) contre l'Amalechite.

LES LEVITES.

Voyla l'esprit de Samuël
Qui, au somme perpetuel
Aiant ses yeux clos lentement,
Est disparu soudainement.

SAVL.

O le piteux confort à mon mal qui rengrege!
O quel creuecueur i'ay ! retenez moy, ie, ie, ie.

LES LEVITES.

O que maintenant est le Roy
En vn meruedieux desarroy,
Lequel git tout éuanouy
Pour le propos qu'il a ouy.

LA PHITONISSE.

Mon triste cueur tu fends d'vne douleur extreme
O Roy plus malheureux que la misere mesme!
Mais reuien t'en vn peu, vers chascun monstre toy
Non point femme, mais hôme, & non homme, mais Roy.
" Le cry, le pleur oisif, & la complainte vaine,
" Ne font que plus en plus augmenter nostre peine.

SAVL.

O grandeur malheureuse, en quel gouffre de mal
M'abismes-tu helas, ô faulx degré Royal!
Mais qu'auois-ie offensé quãd de mon toict champestre,
Tu me tiras, ô DIEV, enuieux de mon estre,
Où ie viuois content sans malediction,
Sans rancueur, sans enuie, & sans ambition,
Mais pour me faire choir d'vn sault plus miserable,
D'entree tu me fis ton mignon fauorable,
(O la belle façon d'aller ainsi chercher
Les hommes, pour apres les faire trebuscher!)

Tu m'allechas d'honneurs, tu m'esleuas en gloire,
Tu me fis triomphant, tu me donnas victoire,
Tu me fis plaire à toy, & comme tu voulus
Tu transformas mon cueur, toy-mesme tu m'esleus.
Tu me fis sur le peuple aussi hault de corsage,
Que sont ces beaux grands Pins sur tout vn païsage,
Tu me fis sacrer Roy, tu me haulsas expres
A fin de m'enfondrer en mil malheurs apres!
Veux-tu donc (inconstant) piteusement destruire
Le premier Roy qu'au monde il pleut à toy d'eslire!

LA PHITONISSE.

Pren espoir, ta douleur, qui à compassion
Pourroit flechir vn Roc, vn Tigre, ou vn Lion,
Peut estre flechira Dieu qui est pitoyable.

SAVL.

O que cest heure la me fut bien miserable,
Quand de mon toict i'allay chercher quelque bestail!
On m'attiltra bien lors tout ce malheur Royal,
Qui fait que mon vieil heur à present ie regrette!
Mais pourquoy changeat-on ma paisible houlette
En vn sceptre si faulx, si traistre, & si trompeur!

LA PHITONISSE.

Hé Sire, sire, oublie (en m'oyant) tout ce pleur,
Tu sçais que i'ay esté moy ton humble seruante,
A tes commandements n'agueres obeissante:
Tu sçais que i'ay pour toy mis ma vie en hasart,
Qu'à toy ont esté prompts mon labeur & mon art.
Si donc à ta parole en tout i'ay esté preste,
Ores ne m'esconduy d'vne seule requeste:
Fay moy ceste faueur d'entrer chez moy, à fin
De te renforcer mieux en y prenant ton vin,
Le Soleil te void vuide & à ieun à cest' heure.

SAVL LE FVRIEVX,
SAVL.

Que ie mange pour viure, & Dieu veut que ie meure!
Ha ie luy complairay!

LA PHITONISSE.

Mais pour desplaire au sort
Mange plustost pour viure, & puis qu'il veut ta mort.

SAVL.

Mais par la faim au moins pourront estre finees
Et mes longues douleurs & mes longues annees.

LA PHITONISSE.

O vous ses seruiteurs taschez à le flechir
Pour le faire chez moy quelque peu rafreschir.

SAVL.

Celuy ne doit manger à qui la mort est douce.
Mais où est-ce qu'ainsi maugré moy lon me pousse?

LES LEVITES.

LAS ô Roy que t'a profité
D'auoir contre DIEV suscité
Du mort Prophete le sommeil
Pour luy demander son conseil?
La faim, le long ieune, & l'horreur
De ta mort proche auec la peur
Ont affoibly tes sens si fort,
Qu'on te méne helas comme mort.
Quelle pitié! quel creuecueur!
Hé Dieu que sa dure langueur,
Sa misere & sa passion
Nous donne de compassion!
O qu'il nous fait grande pitié,
Ne degorgeant point la moitié

De mil & mil ſoupirs ardens
Qu'il retient cachez au dedens !
　　O que dur eſt l'Arreſt cruel
Prononcé par toy Samuel!
Tu as à luy & à ſes fils
Vn treſpas malheureux prefix .
　　Eſt il au monde vn tel tourment
Que ſçauoir l'heure & le moment
De la mort qui nous doit happer
Sans que nous puiſſions l'eſchapper?
　　Que fera maintenant le Roy
En tel trouble & en tel effroy?
Quel remede tant ſoit ſubtil
A ſa dure mort aura il?
　　Son futur treſpas quel qu'il ſoit
D'vn bon exemple ſeruir doit.
De ne prattiquer vn tel art
A tel pris & à tel hazart.
　　Ne ſçauoit il pas bien que DIEV
L'auoit au grand peuple Hebrieu
Par Moyſe aſſez defendu?
Ha pauure Roy que ſongeois-tu!
　　Ne ſçauois tu la dure fin
Qu'eut celuy qùi en ſon chemin
Fut empeſché, non ſans danger,
Par le celeſte meſſager ? *　　　　　　　　　Balaam.
　　Mais puis que tout ſeul tu ne meurs
On n'en doit tant faire de pleurs
Qu'on n'aye de ſon Peuple ennuy,
Qui doit lás mourir auiourd'huy!
　　O DIEV quels pechez, quels forfaicts
ſi horribles auons nous faicts,

Pour lesquels souffrir nous deussions
Si horribles punitions?
 Faut-il donc que ton peuple amy
Soit la proye de l'ennemy,
Et que son corps paisse inhumé
Le loup ou le chien affamé?
 Fais tu cela pour esprouuer
Si nous sommes au temps d'hyuer
Aussi paisibles & contens,
Comme alors que rit le printemps?
 S'il est ainsi ne murmurons
Mais patiemment endurons
Tout cela qui vient de sa main,
Soit rigoureux ou soit humain.
 Le Roy est donc l'occasion
De ceste malediction,
Et du desastre vniuersel,
Qui doit accabler Israël.
 Lás ô Roy que ta proufité
D'auoir contre DIEV suscité
Du mort Prophete le sommeil,
Pour luy demander son conseil!

ACTE QVATRIEME.

Saul, Vn Gendarme se sauuant de la battaille,
Le premier & second Escuyer.

SAVL

SAVL.

TV m'as doncques, Seigneur, tu m'as donc
oublié,
Donc en ton cueur seellee est ton inimitié
D'vn seau de diamant; plus doncques tu
ne m'aimes,
Tu eslis donc des Roys de mes ennemis mesmes:
Et bien ayme les donc & fauorise les:
Mais ie vas, puis qu'ainsi en mes maulx tu te plais,
Finir au camp mes iours, mon malheur & ta haine.
Mais que veut ce Gendarme accourant hors d'haleine?

LE GENDARME.

Sire, tout vostre camp par les Incirconcis
Est rompu & deffait, & vos trois Fils occis.

SAVL.

Mes Enfans sont occis! ô nouuelles trop dures!
O qu'en briefs mots tu dis de tristes aduentures!
Vrays doncques sont les dicts du sage Samuël!
O DIEV, s'il m'est permis de t'appeller, cruel!
Mes gens & mes Fils morts! mais conte moy la sorte:
D'escouter son malheur le chetif se conforte.

LE GENDARME.

Vous sçauez, Sire, assez que le superbe Achis
Pres ce mont Gelboé son camp auoit assis,
Et que vos Fils suiuis du peuple Israëlite
S'estoient si pres campez au champ Iezraëlite:
Or comme ce iourd'huy pour tousiours approcher
L'ennemy nous venoit sans cesse écarmoucher,
Voz Fils nous donnants cœur attaquent de furie
L'écarmouche, & s'en est la battaille ensuiuie:
On n'oit que cris, que coups, & que cheuaux hennir,

D

SAVL LE FVRIEVX,

On voit le prochain fleuue en pourpre deuenir,
On ne voit que choir morts, on n'oit qu'Allarme, Allarme,
On voit tout pefle-mefle & foldat & gendarme,
Chacun par fa fineffe & vertu fe deffend:
L'vn vainq, l'autre eft vaincu, & l'autre eft triomphant.
Là fortune long temps tint fa ballance egalle:
Mais apres, ô malheur! foit que l'ire fatalle
Du ciel nous ait caufé ce fort malencontreux,
Ou que nous n'eftions pas affez de gents contre eux,
Nous vinfmes peu à peu reculler en arriere.
Incontinent voz Fils par menace & priere,
Et par nous remonftrer incitent noftre cœur
A reprendre fa place & premiere vigueur,
Et pour nous faire auoir plus de force & prouëffe
Ils fendent courageux des ennemis la preffe
Auec leur vaillant bras: mais eftant à la fin
De la foulle accablez, cederent au Deftin,
Et ia de voz enfans il ne reftoit à l'heure,
Que Ionathe, lequel fentant mainte bleffeure,
Sans vouloir fe fauuer, fentant fon fang faillir,
Sentant non le courage ains fa force faillir,
Il rendit l'ame au ciel par fes faicts heroiques
Entre mille fers nuds, & entre mille piques,
Et dans fon poing aiant encor fon coutelas,
Et les fourcils dreffez il tombe mort, helas,
Sur le lieu qu'il auoit de morts paué n'aguere.

SAVL.

O lamentables Fils, ô defortuné Pere!
Fault-il que deffus vous tombe le trifte fais
Des pechez & des maux que voftre pere a faicts!

LE GENDARME.

Adonc voyant leur mort nous prenons tous la fuitte,

Car qui euſt peu durer contre vne telle ſuitte
De gents comme ils eſtoient? les vns donc ſont deſtruis
Et le reſte captif hors ceux qui ſ'en ſont fuis.
Voicy les ennemis leſquels apres moy viennent
Qui vous mettront à mort ſi iuſqu'à vous paruiennent:
Quant à moy ie m'en vas me ſauuer quelque part.

S A V L.

Que ie m'en fuye donc? ou que ie ſois couhart!
Venez venez pluſtoſt mes ennemis me prendre,
Et que le meſmes fer lequel a fait deſcendre
Mes Enfans aux Enfers, mes iours vienne acheuer,
Venez voſtre fureur en mon ſang deſſoiuer.

Helas apres mes Fils, moy meſchant dois-ie viure?
Ne les deuois-ie pas pluſtoſt au combat ſuiure?
Pourquoy viurois-ie plus eſtant de D I E V hay,
Eſtant de mille maulx tous les iours enuahy?
Mourons, car par ma mort doit eſtre du Prophette
La dure prophetie entierement parfaicte.

Mourons, mourons: & toy mon Eſcuyer loyal,
Qui m'as ſeruy touſiours en mon bien, en mon mal,
Ie te pry par l'amour que tu dois à ton Maiſtre,
Et par la loyauté qu'en toy ie cognois eſtre,
Fay moy ce dernier bien, ſi ton feal deſir
Continue touſiours à me faire plaiſir:
De grace vien m'occire, & deliure ma vie
Du mal inſupportable où elle eſt aſſeruie:
Voila mon ſein, ma gorge, & par où tu voudras
Ie ſuis preſt d'eſprouuer la roideur de ton bras.

LE I. ESCVYER.

Lás, que voulez vous faire? ô la bonne nouuelle
N'auroit Achis, ſçachant que ceſte main cruelle
Vous euſt chaſſé du corps la vie qui deffend

SAVL LE FVRIEVX,

Qu'il n'eſt pas deſſus nous comme il veut triumphant.
Il ſçait bien que touſiours il n'aura la victoire
Sinon par voſtre mort: auſſi eſt il notoire
Que vous nous pourrez bien touſiours remettre ſus:
Mais lás ſi vous mourez nous ſerons tous deceus
D'eſpoir, & ſeruirons au Paleſtin inique.
Viuez donc non pour vous, mais pour le bien publique.

   Vous pourrez bien touſiours reuaincre & battailler,
Mais noſtre fil couppé ne ſe peut refiler.
L'homme ſage iamais ſon treſpas ne deſire.
Helas ſeroit il bon qu'on allaſt vous occire,
Et qu'apres voſtre corps à mil hontes ſubiect,
Fuſt deuoré des chiens & des beſtes de Geth,
Et que voſtre deſpouille en ce lieu rencontree
Rendiſt la Deité d'Aſtarot honoree?

SAVL.

   Mes Fils ſont morts pour moy, dois-ie eſtre pareſſeux
Et laſchement ingrat à mourir apres eux?
Dois-ie doncques auoir pompeuſe ſepulture,
Et les pauures Enfans ſeront aux chiens paſture?
Et la pitié peut eſtre emouuera quelqu'vn
De nous enſepuelir dans vn tombeau commun,
Ou ſi les ennemis leur font ignominie,
Ie leur feray par tout fidelle compaignie:
Au moins ne dois-ie pas ſouſtenir leur meſchef?
Doncques de me tuer ie te prie derechef.

LE I. ESCVYER.

   Il ne fault point qu'ainſi voſtre vertu ſuccombe,
Ny que du premier choc de Fortune elle tombe:
Et ſi vous n'eſtes point des ennemis vainqueur,
La fortune vainquez d'vn magnanime cueur.

SAVL

SAVL.

O que le Ciel m'eust fait de faueurs liberalles
Si ie n'eusse gousté de ces douceurs Royalles,
Et que i'eusse tousiours chez mon pere hors des flots
Et des escueils du sort vescu seur en repos!
Mais maintenant, ô DIEV, ces grandeurs ie dépite,
Ie remets en tes mains ma couronne mauditte,
Dont tu m'as fait auoir le miserable honneur,
Sans l'auoir pour chassé, comme tu sçais, Seigneur.
Heureuse & plus qu'heureuse est la basse logette,
Qui n'est iamais aux vents ny aux foudres subiecte!

LE I. ESCVYER.

I'estimerois plustost celuy trois fois heureux
Qui s'est desenfouy du peuple tenebreux,
Et de la sotte tourbe, à celle fin qu'il aye
Vn eternel renom par vne vertu vraye:
Comme vous qui auez hors du vulgaire obscur
Esclarcy vostre nom à tout aage futur,
Et gaigné par vos faicts vne eternelle gloire,
Dont le siecle à venir ne rompra la memoire.

SAVL.

Helas moy qui deuant n'auois aucun defaut,
Le sort m'a esleué pour tomber de plus haut,
Car en tout l'vniuers nul homme ne se treuue
Qui sente plus que moy de ces faulx tours l'épreuue.

LE I. ESCVYER.

DIEV sans cesse ne donne aux iustes leur souhait,
Ains par fois les chastie, & pourtant ne les hait.

SAVL.

DIEV voudroit dōc aux siens faire ennuy & dōmage?

LE I. ESCVYER.

Non autrement sinon pour sonder leur courage,

D iij

Ainſi qu'on vit iadis qu'Abram il eſprouua,
Et noſtre vieil Ayeul, qui ioyeux retrouua
Son Ioſeph plein d'honneurs : mais durant leur deſtreſſe,
Durant qu'ils halletoient ſoubs le dur ioug d'angoiſſe,
Et durant leur fortune, eſtoient contre ſon choc
Plus durs que n'eſt en Mer contre les vents vn Roc:
Ainſi ne vous laiſſez abbattre à la Fortune,
Eſperez que touſiours viendra l'heure opportune,
Et maiſtriſant conſtant l'inconſtance du ſort,
Monſtrez que vrayement vous eſtes d'vn cueur fort,
DIEV (peut-eſtre) voiant voſtre conſtance ferme,
Bening vous fera veoir de voz trauaux le terme.

SAVL.

Arriere eſpoir, arriere, vne mort toſt ſera
Celle qui de mes maux le but terminera.

LE I. ESCVYER.

Mais ſçachant voſtre mort fuiez l'heure mortelle.

SAVL.

Mais ie veux magnanime aller au deuant d'elle.

LE I. ESCVYER.

Ha pourquoy voulez vous l'eſperance eſtranger?

SAVL.

Pour ce qu'elle ne peut dans mon Ame loger.

LE I. ESCVYER.

Vous aurez la Fortune vne autrefois meilleure.

SAVL.

O malheureux celuy qui ſur elle ſ'aſſeure.
Par ainſi ie te pry derechef, derechef,
Par ton poingnart fay moy ſauter du corps le chef,
Ainſi ſemblable deuil tourmenter ne te puiſſe,
Ainſi vn meilleur Roy apres moy vous regiſſe.
Ie crains qu'auec vn ris ce peuple incirconcy,

Ne remporte l'honneur de me tuer icy.

LE I. ESCVYER.

Que ce grand DIEV pluftoſt eſcarbouille ma teſte
De ſon foudre éclattant, auant que ie m'appreſte
De toucher voſtre chef, que DIEV a eu ſi cher,
Que meſmes l'ennemy ne l'a oſé touher.

SAVL.

Es tu donc ſcrupuleux ? mais dequoy as tu crainte,
Si tu m'es impiteux par vne pitié feinte?
Bien bien puis que ſi fort de m'occire tu feins,
I'emploiray contre Achis & contre moy mes mains:
Ie vas rallier gens & leur donner courage,
Ie vas ſur l'ennemy faire encor quelque charge:
Ie ne veux abbaiſſant ma haute maieſté,
Euiter le treſpas qui prefix m'a eſté:
Ie veux donc vaillamment mourir pour la patrie,
Ie veux m'acquerir gloire en vendant cher ma vie,
Car aiant furieux maint ennemy froiſſé,
Ma main, & non mes pieds (ſi ie reſte forcé)
Me fera ſon deuoir.

LE I. ESCVYER.

Lás de frayeur ie tremble.
Vous voulez vous tuer?

SAVL.

I'oy, i'oy mes Fils, ce ſemble,
Qui m'appellent deſia : ô mes Fils ie vous ſuy,
Ie m'en vas apres vous .

LE I. ESCVYER.

Déa où s'eſt il fuy ?
Soit qu'il veuille mourir, ou ſoit qu'il veuille viure,
Allaſt-il aux enfers, par tout ie le veux ſuiure.
Voudroit il donc combattre & puis apres mourir?

D iiij

Ie ne le lairray point, quoy qu'il veuille courir.
LE SECOND ESCVYER.
O Roy tu monstres bien ton cueur estre heroique,
De preuenir ta mort pour la chose publique,
Sans la vouloir fuir : ô Prince vrayment fort,
Qui vas en la battaille, où tu sçais qu'est ta mort !

   Ceux qui vont en la guerre esperant la victoire
Meritent moins que luy & d'honneur & de gloire,
Lequel sçachant mourir contre le Palestin,
Court neantmoins hardy au deuant du Destin.

   Vous Roys aimants l'honneur, venez icy apprendre
Combien pour la Patrie il vous faut entreprendre,
Mesprisants les dangers & le certain trespas.
Quant à moy ie suiuray ce Prince pas à pas,
Quand ie deburoy mourir d'vne playe honorable,
Afin d'en rapporter nouuelle veritable.

Les Leuites.
O Roy cent fois malheureux,
Es tu bien si rigoureux
A toy mesme, & si rebelle
Que tourner ta main cruelle
Contre toy mesmes, à fin
D'importuner ton Destin ?
As tu donc le cueur si lasche
Que supporter il ne sçache
Les malheurs communs à tous?
Doncques veux tu par courroux,
Par desespoir ou manie,
Rompre à force l'harmonie
Que DIEV a formee en toy,
Veu qu'il n'est rien à la loy

„ De Nature si contraire,

„ Que son chef-d'œuure deffaire?

„ Pource, l'ame iointe au corps

„ Ne doit point saillir dehors,

„ Si DIEV, qui dans nous l'a mise,

„ N'a son issue permise:

„ Ainsi comme le soldart,

„ Sur peine de mort, ne part

„ Du lieu où la guerre on meine,

„ Sans congé du Capitaine.

Mais, mais fuyons de ces lieux

Qui nous seront ennuyeux

Et à iamais execrables,

Fuyons ces lieux miserables,

Sus qui ce iourd'huy sont morts

Tant de gens vaillants & forts.

Mais quelle chose, ô Gendarmes,

Qui estes morts aux Allarmes

Pour nous, aurez vous en don

De nous pour vostre guerdon?

Sinon des pleurs & complaintes

Des soupirs & larmes saintes,

Telles que font les Parents

Sus leurs heritiers mourants.

Donc ô valeureux Gendarmes

Qui estes morts aux Allarmes,

(Puis que nous n'auons loisir

Vous faire plus de plaisir)

Receuez de nous ces plaintes,

Ces soupirs, ces larmes sainctes,

Telles que font les parents

Sur leurs heritiers mourants.

ACTE CINQVIEME.
Le Soldat Amalechite.

Velle pitié d'vne gent déconfite!
Quelle pitié de voir vn peuple en fuite,
De voir les chiens qui se paißent des
  corps,
De voir les champs tous couuerts d'hō-
  mes morts,
De veoir les vns qui respirent encore,
Comme on peut voir au camp d'où ie viens ore,
Et d'où i'apporte vn precieux butin,
Comme y estant couru à ceste fin.

  Quelle pitié d'y voir la folle gloire,
De ceux qui ont d'autre costé victoire,
Et d'y voir mesme Achis comme au milieu
Blasphemer (las!) contre Saul & D I E V,
D'y voir le cry, le bruit, & l'allegreße
Qu'il fait autour de son feu de ließe,
Criant qu'il est de Saul auiourd'huy
Victorieux, maugré son D I E V & luy,
Et qu'inutile au Ciel ce Dieu reside,
Puis que son peuple & son Oinct il n'aïde,
Et qu'il appert qu'il n'est, qu'il n'est pas tel
Qu'vn Astarot, & pource à son Autel
Appendre il veut les armes & la teste
Du Roy Saul en signe de conqueste.
Qu'est cestuy cy? c'est ce Dauid Hebrieu,
Qui vient du bourg de Sicelle en ce lieu,
Victorieux, car il vient de deffaire
Mes Compagnons d'ont i'eschappay n'aguere:

Taisant cela, ie luy vas presenter
Ce qu'à Saul ie viens courant d'oster,
A celle fin que des dons il me face,
Ou pour le moins que ie sois en sa grace.
Il vient à point, car d'vn parler menteur
Ie me feindray du Royal meurtre autheur.

Dauid, & ce Soldat Amalechite.

A La parfin la gent Amalechite
A la parfin a esté déconfite,
Elle a senty quelles sont nos valeurs.
Ainsi, ainsi aduienne à tous voleurs.
Mais qui pourroit te rendre dignes graces
De tant de biens que sur moy tu amasses,
O eternel, qui tousiours me soustiens?
Mais qui es tu qui deuers moy t'en viens?

LE SOLDAT.

Ie suis, Seigneur, soldat Amalechite,
Qui m'en viens or du Camp Israëlite,
Vous supplier de receuoir (de moy
Vostre vassal) la Couronne du Roy.

DAVID.

Lás! de quel Roy?

LE SOLDAT.

Du Roy vostre Beau-pere,
Et vostre hayneux, lequel est mort n'aguere
En la battaille en laquelle au iourd'huy
Tout Israël est mort auecques luy.
Là se voyant chargé de mainte playe,
En vain panché sur son glaiue il essaye
A se tuer, & comme il ne peust lors

Pour sa foiblesse outrepercer son corps,
M'apperceuant & aiant sceu mon estre,
Il me pria d'aïder à sa dextre,
De peur, dit il, que ie ne sois icy
Rencontré vif de quelque incirconcy,
Lequel me prenne & dessus moy exerce
Sa tyrannie & cruauté peruerse :
Alors voyant en quel mal il estoit,
Et quelle angoisse au cueur il supportoit,
Voyant aussi l'ennemy le poursuiure
De telle ardeur qu'il ne pouuoit plus viure,
Ie le tuay, & trebuscher le feis
Dessus le corps de Ionathe son fils.

DAVID.

Saul est mort ! las est-il bien possible !
O grand malheur ! ô Fortune terrible !
Ie ne veux plus viure apres Monseigneur,
Dont i'ay receu tant de bien & d'honneur !

LE SOLDAT.

Mais qui vous fait ainsi voz habits fendre,
Veu qu'on l'a veu souuent les armes prendre
Encontre vous ?

DAVID.

C'estoit l'Esprit maling
Qui l'affligeoit, car il n'estoit enclin
De sa nature à telle chose faire,
Et ne fut oncques vn Roy plus debonnaire.

LE SOLDAT.

C'estoit helas, vostre ennemy mortel.

DAVID.

Iamais iamais ie ne l'ay tins pour tel :
Mais toy meschant, n'as tu point eu de crainte

D'ozer toucher celuy que l'huyle sainte
Auoit sacré? as tu sans plus voulu
Meurtrir celuy que D I E V nous a esleu?
Veu que moy-mesme estant mon aduersaire,
Ie ne l'ay fait quand ie le pouuois faire?
Et tu l'as fait, estant comme tu dis
Amalechite & d'estrange pays?

L E S O L D A T.

sire il estoit en vne telle presse
De Philistins, & en telle destresse,
Qu'il fust en brief de la vie priué,
Par l'ennemy ou par luy captiué,
Où il se fust tué de sa main mesme,
Pour mettre fin à ses peines extrémes.
Moy donc piteux ie feis grace à ses mains,
De ne toucher à leurs membres germains.

D A V I D.

sus sus soldats, empoignez le sur l'heure,
Et le tuez. ie veux ie veux qu'il meure.

L E S O L D A T.

Qu'ay-ie commis pour estre ainsi puny?

D A V I D.

Pour t'estre au sang du Christ diuin honny.

L E S O L D A T.

Mais dois ie donc souffrir la mort cruelle
Pour la douleur d'vne simple nouuelle?
Ie ne l'ay fait ny par inimitié
Que i'eusse au Roy, ny par ma mauuaistié,
sinon à fin que plaisir ie luy feisse,
Et vostre grace aussi ie desseruisse.

D A V I D.

Tu parle' en vain.

LE SOLDAT.

Helas, ie vous requiers
Par ce grand D I E V Pere de l'vniuers,
Humble pardon, ainsi chascun vous prise,
Et le seigneur ainsi vous fauorise,
Et dans vos mains le sceptre en bref tombé
Deßoubs vos loix rende vn chascun courbé.
Non, non ie n'ay, (ce grand seigneur i'en iure)
Fait à l'Enfant de Cis aucune iniure :
Il s'est occis, soy-mesmes s'est souillé
Dedans son sang, & meurtry ie ne l'ay.

DAVID.

O malheureux qui tes fautes allonges,
Et par mensonge excuses tes mensonges!

LE SOLDAT.

Mais mon mentir ne cause point de maulx.

DAVID.

,, Il n'est rien pis que les mensonges faulx.

LE SOLDAT.

,, Bien, i'ay failly : mais quoy, dessus la terre
,, Est il aucun qui aucunefois n'erre?

DAVID.

Il faut, il fault ces vains propos laißer.

LE SOLDAT.

Mais ie ne pense en rien vous offenser:
si toutefois vous y trouuez offense,
Vsez vers moy de douceur & clemence.

DAVID.

Tu pers ton dire.

LE SOLDAT.

Et combien qu'il né serue,
si ne mouray-ie auec la langue serue:

O cruel homme, inciuil, rigoureux,
Qui dans l'horreur d'vn antre tenebreux
As resucé d'vne fiere Lionne
Auec le laict sa rage plus felonne.
Meschant, peruers, ie ne croy que tu sois
Celuy qu'on dit en tous lieux si courtois,
Mais i'ay espoir que ceste tyrannie
A la par fin ne sera impunie.
Ie pry que DIEV, qui voit tout de son œil,
Le Foudre sien darde sur ton orgueil,
Et s'il aduient par le Destin celeste
Que tu sois Roy, que la Faim, que la Peste,
Et que la Guerre infectent tes païs,
Que contre toy s'arment tes propres Fils.

DAVID.

Va, va meschant saluër la lumiere
Qu'ores tu vois, & qui t'est la derniere :
Et vous amys auec vostre poingnart
Qu'on me l'enuoye abboyer autre part :
Tombe sur toy ce sang, & cest outrage,
Aiant porté contre toy tesmoignage.

Le Second Escuyer, & Dauid.

Deconfort ! ô quel Prince auiourd'huy
Tu as perdu Israël plein d'ennuy !
Ha sort leger, flateur, traistre & muable,
Tu monstres bien que ta Rouë est variable !
Puis que celuy que tu as tant haussé,
Est tellement par toy-mesmes abbaissé :
Ce fils Saul, que de rien tu feis estre
Vn Empereur, & presque vn DIEV terrestre,

Tant qu'il sembloit aux Estoilles toucher:
Mais maintenant tu l'as fait trebucher
Du haut en bas, & soymesmes occire,
A fin qu'il vist & luy & son empire
Cheuts en vn iour, tant que l'infortuné
Pis que deuant est en rien retourné!
» O pauure Roy tu donnes bien exemple,
» Que ce n'est rien d'vn Roy, ny d'vn Regne ample!
» Tu monstres bien, qu'on ne doit abboyer
» Aux grands Estats, ny tant nous employer
» A mendier l'honneur de Tyrannie,
» Puis que cela t'a fait perdre la vie!
Mais n'est-ce pas Dauid qu'icy ie voy,
Tenant des-ia la Couronne du Roy?
Comme il l'œillade!

DAVID.

» O Couronne pompeuse!
» Couronne, helas, trop plus belle qu'heureuse!
» Qui sçauroit bien le mal & le meschef
» Que souffrent ceux qui t'ont dessus le chef,
» Tant s'en faudroit que tu fusses portee
» En parement, & de tous souhaittée
» Comme tu es, que qui te trouueroit,
» Leuer de terre il ne te daigneroit.
Mais voicy l'vn des gents du Roy, peut estre
Qu'il sçait comment il va du Roy son Maistre,
Et comme on a deffait au vray les siens.
Hâ triste amy d'où est-ce que tu viens?

LE II. ESCVYER.

Du Camp, helas!

DAVID.

Et bien, quelle nouuelle?

LE II. ESCVYER.

Le Roy est mort d'vne mort bien cruelle.
Car il n'a sceu trouuer oncq des bourreaux
Pour luy finir & ses iours & ses maux,
Et a fallu que de sa main propice
Luy-mesme ait fait ce pitoyable office.

DAVID.

Dis-tu qu'il s'est de luy-mesmes deffaict!
O la pitié! mais conte moy ce faict.

LE II. ESCVYER.

Estant venu n'aguere sur l'issue
De la bataille, & la voyant perdue,
Et ses fils morts, d'vn magnanime cueur
Il s'auisa de laisser au vainqueur
Par ses haults faicts vne victoire amere.
Il s'en court donc, & donne de cholere
Dans l'ennemy, qu'il fausse vaillamment:
Et comme on voit vn Lion escumant
Tuer, naurer, & faire vn prompt carnage
D'vn bestail seul qui paist en quelque herbage,
Ainsi i'ay veu ce furieux Saul
Casser, froisser, rompre, & n'espargner nul:
Mais à la fin sur luy se r'allierent
Quelques Archers, qui honteux le chargerent
Auec leurs traicts dont il fut fort blessé
En combatant, si qu'estant repoussé
Il fut contraint de reculer en arriere,
Mais en courant (estant suiuy derriere)
Il rencontra de ses fils trespassez
Les corps sanglans, & les tint embrassez.
Mais lors voyant qu'il alloit choir en vie
Entre les mains de la force ennemie,

SAVL LE FVRIEVX,

En regardant Ionathe auec fanglos
Il dit en bref, Eſt-ce icy le repos,
O mes enfans, que par voſtre prouëſſe
Vous promettieʒ à ma foible vieilleſſe?
Eſt-ce ainſi qu'heriter tu deuois
A noſtre ſceptre, ô Ionathe, autrefois
Ma ſeule gloire, & ores ma miſere?
Mais il eſt temps que voſtre dolent pere
Vous accompagne, ô mes fils plus heureux.
Ayant ainſi fait ſes plainctes ſur eux,
Iettant par tout ſon œil felon & vague,
Il ſe lança ſur ſa meurtriere dague,
Tant qu'il mourut.

DAVID.

O pitoyable Roy!

LE II. ESCVYER.

Mais ce qui donne à mon cueur plus d'effroy,
C'eſt qu'auſſi toſt que la playe mortelle
Fut veuë (helas) de l'Eſcuyer fidelle
(A qui le Roy auoit deuant en vain
Requis le bras pour le tuer ſoudain)
Il ſe paſma, puis le poil il ſ'arrache,
Et dans ſon ſein les ongles il ſe cache,
Il ſe demaine, il ſe meurtrit le front,
Tout depité ſes veſtements il rompt,
Il crie, il hurle, & ſon maiſtre il appelle:
Mais quand il vit que la mort eternelle
Auoit ſes yeux clos eternellement,
Et que ſes cris ne ſeruoient nullement,
Suyuons le donc (dit-il) puis qu'il m'incite
A meſpriſer ceſte vie maudite:
Mourons, mourons, & remportons l'honneur

D'auoi

D'auoir ſuiuy ſon mal comme ſon heur.
Ainſi a dit, & ſ'enferrant la pointe
De ſon eſpee il a ſa vie eſtainte,
N'ayant le Roy en ſon aduerſité
Non plus laiſſé qu'en ſa felicité,
Mais finiſſant par la meſmes eſpee
Qui fut au ſang de ſon maiſtre trampee:
Digne vrayement, digne de tout honneur
D'ainſi tomber aux pieds de ſon Seigneur,
D'ainſi garder (non point comme vn barbare)
ſa ferme foy, ſi miſerable, & rare.

DAVID.

Sois tu de DIEV, ô Paleſtin maudit,
Qui d'Iſraël tout le peuple as deſtruit.

LE II. ESCVYER.

Encor apres vne mort ſi horrible
Le fier Achis ne ſe monſtre paiſible,
Et tant ſ'en fault qu'il permette les os
Du Roy Saül prendre en terre repos,
Que meſme il va en pieces (quel exemple
De cruauté!) les mettre dans ſon temple!
ſi que les Dieux qu'oncques vif n'adora,
Apres ſa mort il les honorera.

DAVID.

O Paleſtin enflé de vaine Pompe
Garde toy bien que l'orgueil ne te trompe,
Et qu'à la fin le ſort pour ta fierté
En ton malheur ne ſe monſtre irrité!
O Gelboé que ta cyme arrouſee
Ne ſoit iamais de pluye ou de rouſee,

Et soient tes champs de l'Auant-chien tairis,
Puis que sur toy tant de gens sont peris,
Puis que sur toy, ô montagne maudite,
Est mise à mort la fleur Israëlite.

    vous d'Israël les filles qui de moy
Chantiez iadis, pleurez ce vaillant Roy,
Ce vaillant Roy qui en diuerses guises
Enrichissant d'or voz robbes exquises
Ne vous souloit d'autre estoffe vestir
Que d'Ecarlatte, & de Pourpre de Tyr:
De son sang, las! la campagne il a tainte,
Comme n'estant sacré de l'huile sainte:
Las il est mort, & mon Ionathe aussi,
O Ionathas mon soing & mon soucy!
Las trespassé qu'auec toy ne suis-ie,
Ie fusse mort heureux, où ie m'afflige
De mille morts, tant me tourmente fort,
En y pensant, ta violente mort!
Helas où est ce beau corps tant aymable,
Et ce visage à chacun agreable?

    Ha cher Ionathe, amy loyal sur tous
L'amour de toy m'estoit cent fois plus doux,
Cent fois plus cher que la plaisante flamme
Dont nous brulons en aymant quelque femme!

    Helas, Helas, quand pourray-ie oublier,
Cent fois ingrat, ce tien propos dernier
Quand tu me dis: O cher Dauid que i'aime
Plus que mes yeux, ny que ma vie mesme,
Ie vas mourir, & suis certain que DIEV
T'a confermé le Royaume Hebrieu,
Mais si ie meurs ie te prie de grace
Qu'il te souuienne apres moy de ma race.

Tousiours, tousiours de ce bien-heureux iour
Qui nous lia d'vn reciproque amour
Au cueur i'auray la souuenance emprainte,
Et ne sera oncq la memoire estainte
De tes bienfaicts: souuent par propos doux
Tu m'as du pere appaisé le courroux,
Et quand pour luy i'errois, comme sauuage,
souuent d'auis, d'espoir, & de courage,
Tu m'as aidé, & bref souuent pour moy
Tu as ton pere esmeu encontre toy.

  Ha Ionathas, ie serois bien barbare,
Et plus cruel qu'vn scythe, ou qu'vn Tartare,
si i'oubliant ie ne traictois les tiens
Comme mes fils si à regner ie viens:
Mais quel plaisir sans toy regnant auray-ie
Puis qu'vn tel dueil de toutes parts m'assiege?
Mais pourquoy seul pleuray-ie? qu'vn chacun
Pleure plustost, estant ce mal commun,
Car tu pers ores, ô peuple Israëlite,
Ton ferme escu, ta force, & ta conduitte.
Combien, combien l'ennemy par sa mort
En deuiendra d'orenauant plus fort?
Doncques, amy, sus vne estrange terre
En ta ieunesse és tu mort en la guerre
Sans sepulture? ô dure cruauté
Des cieux malings! mais vn heur t'est resté,
C'est d'estre mort au milieu de l'armee
Changeant ta vie en vne renommee
Que tu auras mourant pour ton païs,
Aumoins adieu cher amy ie te dis,
Et garde encor nostre amitié, de sorte
Qu'apres ta mort elle ne soit point morte,

Qui de ma part viura par l'vniuers
Tant qu'on verra l'Epitaphe, & les vers
Que i'en feray: mais oy Saül, mes plaintes,
Mes vrays souspirs, & mes larmes non faintes,
Tu veux mourant accompagner ton fils
Pour n'estre point separez morts ny vifs:
O que beaucoup auront sus vous enuie
Qui finissez vaillamment voftre vie,
Qui par voz morts acquerez vn renom
Lequel doit rendre immortel voftre nom,
Car on peult dire (eftant tous deux par terre)
Que font efteins les foudres de la guerre.
Tu fus, ô Roy, fi vaillant & fi fort
Qu'autre que toy ne t'euft fceu mettre à mort,

Fin de la Tragedie.

AV TRES-ILLVSTRE PRINCE
DE NAVARRE HENRY
DE BOVRBON.

Qvi veult voir les effects de Fortune maligne,
Combien elle est peruerse & constamment muable,
Qu'il vienne se mirer au portraict admirable
D'vn Roy que ie descris d'vn vers non assez digne:

D'vn Roy à qui Fortune expressément benigne
Octroya pour vn temps sa rouë fauorable,
Afin qu'il veist apres mille fois miserable,
De sa grand' inconstance vn plus euident signe.

Doncques, Prince qui sçais de Fortune l'orage
Brizer par ta constance en son heur obstinee,
si tu desires voir quelque chose nouuelle,

Vien icy voir vn Roy, qui n'ayant tel courage
Que tu as, s'est la mort à luy mesmes donnee,
Et ie luy ay donné vne vie eternelle.

E iiij

37

AV ROY

CHARLES IX.

IRE, l'eſtat où chacun eſt nagueres retombé, par ie ne ſçay
quel deſaſtre, m'a ſemblé ſi piteux, que pour le donner entendre, & le faire mieulx pe-
ſer, l'ay oſé emprunter l'autho
rité de voſtre Nom, iugeant
ne pouuoir plus dignement ſans aucune Paſſion
(qui touſiours ſe môſtre de Raiſon ennemie) diſ-
courir de tel propos, que par voſtre Maieſté meſme, & ne le pouuoir conſequemment mieux ad-
dreſſer qu'à icelle, que i'oze faire parler, meſmes
en toute douceur, & courtoiſie, qui luy eſt fami-
iere, enuers laquelle la ſimple rondeur dont i'eſ-
cris, pourra facilement excuſer ce libre Diſcours,
comme ayant meſmement eſté fait parmy les Armes. Et la plus grand' faute que i'y penſe auoir fai-
te, eſt, de ne vous faire parler, Sire, auec aſſez de
ſauoir & d'eloquence, veu la gentilleſſe aſſez co-
nue de voſtre Eſprit, qui ſurpaſſe d'autát le mié,
& voſtre aage meſme, comme vous me ſurpaſſez

en grandeur. Sire mais qu'il ait pleu à ce grand Seigneur des Roys d'appaiſer ces Tempeſtes, en regardant voſtre Royaume en pitié, vous pourrez rencontrer trop plus de plaiſir en d'autres choſes que i'ay de meilleure eſtoffe, comme en vne Tragedie que i'ay faicte ſelon le vray Art, de la Mort miſerable du Roy Saül (dont parlent les ſainctes Lettres) lequel, bien qu'il ait eſté le plus malheureux Prince du monde, auroit toutefois trop d'heur, ſi par voſtre commandement venoit (eſtát accompaigné d'vne mienne Comedie faicte de meſme) à ſe monſtrer deuant voſtre Maieſté, en vn Theatre qui fuſt vn peu plus paiſible que celuy d'à preſent, où ſe iouent tant de piteuſes Tragedies.

De voſtre Maieſté treshumble & obeiſſant ſeruiteur,

I. De la Taille de Bondaroy

REMONSTRANCE POVR LE ROY CHARLES IX.
A TOVS SES SVBIECTS,
à fin de les encliner
à la Paix.

E ſçay bien, mes Subieȼts, qu'oyant icy
    mes Plaintes,
  Vous pourrez tout ſoudain croire qu'el-
    les ſoient faintes,
  Vous arreſtant tout court dés le com-
    mencement.
Et puis hauſſant le chef (pour l'esbahiſſement
De ce qu'icy ie tiens vn ſi chenu langage,
Sur le commencement du Printemps de mon Age)
Ie ſçay qu'alleguerez pour n'auoir pas vingt Ans,
Ne pouuoir mes Diſcours eſtre autres que d'Enfans:
Sçachez que ie ne ſuis ſi morne de Nature,
Ne ſi ieune de ſens, que la triſte aduenture,
Qui pourra ſus ma France eſchoir pour le iourd'huy,
Ie ne preuoye bien, à mon treſgrand ennuy,
Que ie ne voye auſſi par voz Guerres ciuiles
Le branſle de mon Sceptre, & le ſac de mes Villes.
Pleuſt à Dieu ne pouuoir ces maux apprehender.
  Combien que ie vous puis, mes Subieȼts, commander,
I'vſeray toutefois enuers vous de priere.

Pour vous faire iecter les Armes en arriere,
Vous disant la pitié que c'est d'ainsi mesler,
Par voz seditions, le ciel, la terre, & l'air.
Donc pour vous remonstrer fault-il estre en la peine
De vous mettre en auant ceste Histoire Romaine,

Menenius
Agrippa.

Où est faict mention de ce sage Romain,
Qui par l'Exemple faint de nostre Corps humain
Sceut bien rendre content le mutin Populaire,
Qui fol contre soy-mesme aguisoit sa cholere?
C'est vrayemēt grand' pitié quand les Mēbres d'vn corps
Se mutinent entr'eux par outrageux discords,
Quand, di-ie, la Main gauche a debat à la dextre,
La Teste au Ventre oisif, le Pied droict au senestre,
Sans s'aduiser, helas, que par vn tel discord
Ils pourront affoiblir leur Corps iusqu'à la mort.
Maintenant quel erreur, de vous entre-deffaire?

La No-
blesse.

Toy Noblesse, qui es vn Membre necessaire
Du Corps de mon Royaume, & vn bras redouté
De mon Sceptre puissant. quel erreur a c'esté
De t'armer de-rechef, toy-mesme te destruire,
Te quereller toy-mesmes, & toy-mesme te nuire?
Hé quel erreur encor, ou plustost quel horreur,
De voir gent contre gent s'allumer en fureur,
Le sang contre le sang, Enfants contre le Pere,
Femme contre l'Espoux, Frere contre le Frere,
Amy contre l'Amy, Cousins contre Cousins,
Seigneurs contre Seigneurs, voisins contre voisins?
Ne vous souuient-il plus de voz guerres passees,
Par miracle plustost qu'autrement appaisees?
Comment donc, voulez vous (songeant que l'Estrange
Nous guignoit conuoiteux) choir au mesme danger?
Rome ne vante plus la sanglante querelle

Qu'eut

Qu'eut iadis le Beau-pere & le Gendre, ny celle
Qui depuis s'espandit par vn Astre malin
Entre l'obstiné Guelphe, & le fol Gibelin:
Celle qui maintenant tient mes subiects en ire,
Est cent fois plus ardente, & cent & cent fois pire.

    Hà peste de Repos, faulse Sedition!
Tu es cause à present de la Confusion
Et du cruel malheur qui trouble toute France:
O Hydre à cent mil chefs, fille d'Outrecuidance,
Et de Trop-presumer, qui as Legereté
Pour Nourrice, ou plustost Opiniastreté,
Pour Maistre Trop-sçauoir, pour Eschole Follie,
Pour Fille Affection, Debat, Noise & Furie
Pour ta suyte ordinaire, & pour verge Traison:
C'est toy qui nos Cerueaux brouilles par ta poison:
Pleust à Dieu que d'vn coup n'ayãt qu'vn col meschãte,
Ie fusse ton Hercul' par l'espee tranchante.

    Premierement tu vins auec DIVISION
D'Asie, où tu estois, mettant dissention
Chez les Turcs debattans l'election d'vn Prince,
Tu vins, du-ie, de là diuiser ma Prouince,
Le Fils tuant le Pere, & la Femme l'Espoux,
Et la Guerre ciuile amenas entre nous,
Dame terrible, ayant vn habit tout bizerre,
Plus hideuse sembloit que la Peste ou la Guerre:
Ainsi que Briaree ell' s'aidoit de cent bras,
Qui l'vn à l'autre auoient continuels debats,
Et tenoient cent Poingnars, desquels les Allumelles
Estoient rouges du sang de ses propres Mammelles.
Ainsi qu'vne Gorgonne elle auoit des Lezars,
Au lieu de longs cheueux, horriblement espars:
Elle & les siens vouloient, ainsi que la Vipere,

Faire mourir, ingrats, leur nourriſſante Mere:
Ell' hauſſoit ſes Sourcils pleins d'horreur, & des yeux
Vous iectoit vn eſclair flambant & furieux:
Derriere elle marchoient, auec grand' deſplaiſance,
Ruine, Deſeſpoir, & Dame Repentance,
Et deuant elle alloient Enuie, Faux-rapport,
Calomnie, Rancueur, Malle-bouche & Diſcord:
A ſa venue on vit toute France irritee,
Comme vne Mer des vents, & des flots agitee,
Ou comme on voit branſler les Eſpics d'vn grand Blé
Se battans coup ſur coup par vn vent redoublé.
Et l'ire de DIEV fut qui conduit en ma France,
Pour la mettre du tout en friche & decadance,
Ce monſtre ruineux, oſte-ſceptre des Roys,
Qu'ils doiuent plus douter que la Foudre cent fois.
  Mais par le ſage aduis de la Royne ma mere
On pourueut mieux qu'on peut à ceſte grand' miſere,
Tant que Sedition ſ'enfuit lors aux Enfers:
Mais ores par deſpit y deſnoüe cent fers
Pour relácher encor ceſte Guerre ciuile
Qui d'elle & du malheur eſtant la propre fille
Nous vient pis que deuant derechef affliger
Et par vne rencheute augmenter le danger.
  Dieu meſme, par pitié a comme en l'autre guerre
Monſtré pour m'aduertir des Prodiges ſur terre,
N'a lon pas veu l'Eclipſe, vn vent impetueux,
Et non loing de Paris deux enfans monſtrueux?
  Faut-il que France, helas, iadis ſi triomphante,
Sur toutes Nations reclamee excellente,
France à qui les Payens, à qui les Allemants,
Anglois ou Bourguignons, Eſpaignols ou Flamants,
Voire eſtants ioints enſemble, oncques ne firent crainte

Soit par les siens deffaicte, & par les siens esteinte?
Fault-il qu'à mon regret le François auiourdhuy
Soit si fort, & vaillant, qu'vn autre, sinon luy,
(O miserable honneur!) ne le pouuant deffaire
Se defface luymesme! ô grand' pitié, de faire
Aux Estrangers pitié! d'apprester des esbats
A noz vieux Ennemis par voz cruels debats!
O comme ce Tyran de Turquie, & de Grece,
Bouffe bien maintenant de ioye, & d'allegresse,
Ne vous voyant d'accord de la religion,
Mais vous voyant d'accord de ma destruction!

　Maintenant que peut dire en si grande misere
Le magnanime Esprit de F R A N Ç O I S mon grãd Pere!
Que peult il dire helas, contemplant des haults cieux
De sa France l'estat pauure, & seditieux!
Contemplant le pays de sa gentille France,
Qui a fleury soubs luy, qui a faict resistance
A tant d'Ennemis forts, qui a tousiours esté
Par sa haulte valeur richement augmenté,
Sa France si haultaine estre, lás, saccagee,
Pillee, mise à sang, destruite, fourragee,
Ses pays, qu'il nous a si bien de tous costez
D'vn Fleuue, d'vne Mer, & d'vn Mont limitez,
N'estre à present par tout qu'vne pauure Frontiere
Foullee de deux Camps! Que peult le Roy mon Pere
Dire aussi de tels maux! helás, comme à present
M'est son fatal trespas nuisible & desplaisant!
Quel Astre malheureux, quelle mortelle playe,
Et quel Esclat soudain, a fait que si tost i'aye
Esté priué de luy, me laissant sans pouuoir
(Pour mes trop ieunes Ans) à ces Troubles pouruoir?
Il auoit bien du Ciel en naissant amenee

（右欄の傍注）

Le Roy
François
premier.

Le Roy
Henry.

La Paix, mais quand & luy au Ciel est retournee.

Mongom
mery.

Toy qui as fait tomber au grand regret de toy,
Et par triste aduanture, vn si triomphant Roy,
Tu te peux bien vanter que ta fatale Lance
A fait tomber aussi tous ces Troubles en France,
Ces Changements icy, ces Maledictions,
Ces Tempestes, ces Maux, & ces Seditions,
Me faisant heritier d'vne Guerre ciuile.

Mais qu'est-ce de ma perte, & du sac d'vne ville,
De la mort de trois Grands, & de tant d'hommes morts
De tant de Cheualiers, & Seigneurs, dont les Corps
Aupres des murs de Dreux, ô piteuse Iournee!
Furent, las, renuersez? & par leur Destinee
Saoullerent les Vautours, le Loup, & le Mastin?
Qu'est-ce encor des vieux maux, du sac de S. Quentin,
Du iour de s. Laurent, & du dessein d'Amboise,
Au pris des grands malheurs où rechet vostre noyse?

Le Roy
Loys XI.

Há Roy Loys vnZiesme! hé que t'a profité
D'auoir eu tant de maux, d'auoir tant haleté
Pour ranger tes Subiects en ton obeissance,
Pour les mettre en repos, pour aggrandir ta France,
Asseurer ton Estat, pouruoir de loing à toy,
Faire penser à tous, que seul tu estois Roy,
Chastier les mutins, appointer d'vn office,
Ou d'vn riche present, les hommes de seruice?
Que dirois-tu, voyant ce desordre mutin
Qui haZarde ta France, & la met en butin,
Mesme ne cognoissant ceste France troublee
Pour celle qui estoit de ton temps si reiglee?
Que dirois tu, voyant chez tes subiects logé
Pour vne Opinion vn debat enragé,
Vn debat ruineux, vn debat fantastique,

Bien pl

Bien pire que n'eſtoit celuy du Bien-publique,
Dont ſ'enſuiuit ta Guerre aux murs de Montlhery?
Voyant vn tel erreur que tu ſerois marry!

Pendant que ie deurois en plaiſante lieſſe,
En plaiſirs bien ſeans, en honneſte allegreſſe,
Aux Armes, à l'Eſtude, & au beau paſſe-temps
Des ſciences, paſſer l'Apuril de mes beaux Ans,
Ie n'ay l'Eſprit troublé que de triſtes nouuelles,
D'affaires, de plaintifs, de meurtres, de querelles,
Que de ſeditieux, de morts, de ſaccageZ,
Que de feu, que de ſang, d'occis, d'aſſiegeZ,
De Pays ruineZ, de Soldats, de Gendarmes.

I'ay veu qu'à tout le moins, auant telles Alarmes,
Ie m'eſbatois à voir combattre tous les iours
Mes Dogues courageux à l'encontre d'vn Ours,
A monter à cheual, alors qu'apres le Liure
Ie deſcendois au ieu de plus haults ſoings deliure,
A voir dans quelque Court la gaye fiction
D'vn vray combat de Guerre, ou bien d'vn baſtion,
Qu'aſſaillir ie faiſois par les vns, & deffendre
Par d'autres de mes gents, ou par fois à deſcendre
Deſſus l'eau, ou à faire artifices de feu,
A baller, voltiger, commencer peu à peu
A manier cheuaux, à leur donner carriere,
A rompre quelquefois la Pique à la barriere,
A voir de chiens courants vne meute chaſſer:
Mais ie commence fort à me vouloir laſſer
De mes propres plaiſirs, & fort à me deſplaire
De l'erreur qui vous tient, de la Guerre ordinaire:
Dont c'en deſſus deſſoubs vous auez tout meſlé,
Et Moy, mon Paſſe-temps, & mon Regne troublé,
Maintenant mes Subiects, ſi iamais Courtoiſie,

F

Amour, Crainte, & Pitié, leur demeure ont choisie
Au fond de vostre Cueur, si oncq' auez porté
A voftre Ieune Roy Honneur, & Loyauté,
Ie vous pri' d'escouter voftre Roy qui vous prie,
Qui se plaint, qui se deult, qui lamente, & qui crie.
Si iamais fut saison & besoing d'auoir Paix,
Et cesser tout debat, c'est or plus que iamais,
Que vous deuez laisser voftre Guerre ennuyeuse,
Et derechef entendre à la Paix bienheureuse.
Remettez ie vous pri' dans les vuides fourreaux
Voz Coutelas sanglans, & vos ciuils Cousteaux,
Amollissez voz Cueurs, sus mettez bas les Armes,
Renuoyez voz Soldats, renuoyez voz Gendarmes:
Qu'ils s'en aillent chez eux, leur lance, & leur harnois
Teincts en leur sang, appendre encontre les parois,
Afin que l'Araignee y face son ouurage:
Qu'ils se rouillent plus-tost tant que ie sois en aage.
Suffise vous, helas, depuis que ces Discords
Sont coulez entre vous, que cinq cent mil sont morts,
Tãt ceux qu'on a meurtris, que ceux qu'auec vergongne
On voit seruir en l'air aux Corbeaux de charongne:
Et que ceux la, ausquels les Poissons dedans l'eau
Peuuent seruir, helas, d'vn malheureux Tombeau.
Combien en ay-ie veu nouër entre deux ondes,
Et combien Loire & Seine en leurs eaux plus profondes!
    Mais si de voftre Roy les equitables Pleurs
Ne peuuent amollir la durté de voz Cueurs,
Que de mon Peuple au moins la raisonnable plainte,
La pitoyable voix, la misere non fainte,
La ruine future, & le piteux soupir
Puisse de voz durs Cueurs la fureur assoupir.
Lás voyez comme il est pauure, deffaict, éthique,

Vagabond, mendiant, palle & melancholique,
Comme il est par voz Camps rongé iusques aux os,
Deuoré, fourragé, & ruiné d'impos!
Encor pour l'engloutir & l'oster d'esperance,
Vous en estes allez hors des bornes de France,
Bien loing oultre le Rhin, querir chez l'Allemand
Des Harpies, i'entens vn peuple ord, & gourmand,
Inciuil, & cruel, lourd, barbare, & sauuage,
Qui semble estre venu plustost pour le pillage,
Et pour se faire gras de vostre fol debat,
Que pour necessité qu'on en ait au combat,
Peuple pire que Gots par qui fut l'Italie
Tant de fois mise à sac, tant de fois demolie.
Quel malheur d'appeller ceux qui bouffent encor
Du butin de noz Biens, de Nous, & de nostre Or?
Dont la France auiourd'huy plustost qu'en faire conte,
Et les chercher si loing, deuroit rougir de honte,
Et s'en venger plustost: comme si nous estions
De nous mesmes si gras, que tous seuls ne peussions
Nous entre-deuorer sans la bouche estrangere.
O que c'est grand erreur, que c'est grande misere,
De vouloir s'aider aux Guerres d'auiourd'huy
Du bras de l'Estranger, & des Armes d'autruy
Incognues à nous, qui sont ou trop gesnantes,
Ou trop larges pour nous, ou pour nous trop pesantes!
Mais comme l'Estranger mes François n'ont-ils pas
Du Cueur, des Nerfs, des Mains, de l'Esprit, & des Bras?
Il n'est que d'employer les Armes que nature
Nous a mises en main, ou nostre nourriture,
Comme sçeut bien Dauid, qui trouua trop pesant
Le harnois de Saül pour combatre vn Geant,
Aymant trop mieux auoir sa naturelle fonde,

Les Reistres.

F ij

Qui estoit propre à luy, que tout arme du monde.

Et pendant mes Subiects, qu'estes or' amusez
A ces fols differents, vous ne vous aduisez,
Qu'au premier conquerant vous mettez en ballance:
Ma Couronne, & mon Sceptre, & en proye ma France:
Mais s'il m'aduient meschef, exempts n'en serez point,
Nuds vous serez, & moy pour le moins en pourpoint.

Deá si desirez tant vostre ieune vaillance
Esprouuer à la guerre, ayez la patience
D'attendre encor trois ans, à fin qu'estant plus meur
Et plus fort ie vous méne, enflé d'vn gentil cueur,
A des combats plus saincts, contre les Infideles,
Pour vanger les Chrestiens de leurs fresches querelles,
Les aydant à deffendre en Hongrie les murs
Que conuoitte sur eux le Tyran de ces Turcs.

Que le Destin de Dieu est obscur, & terrible!
Lás on n'auoit oncq veu vn accord si paisible
Entre les Chrestiens, ne si bien asseuré,
Que celuy que le Roy mon Pere auoit iuré
Et sellé de son sang, ny Paix qui moins suspecte
Fust pour l'Aise publicq': mais ô Dieu l'as tu faicte
Pour mal-traitter apres tes François bien aimez
De discords plus cruels, & plus enuenimez?

》 Voyla pourquoy lon deust tousiours de quelque guerre
》 Empescher le François volontaire, & bizerre,
Qui seroit plus qu'heureux, si mon Pere iamais
N'eust, au pris de son sang, traitté la triste Paix!

O grand Dieu qui as fait sans discord mes Ancestres
Regner douze cents ans, continuant leurs Sceptres
Tousiours de main en main paisibles iusqu'à moy,
Qu'à genous tu vois or' & courbé deuant toy,
De grace ie te pri' (si par ta Prouidence

Tu

Tu n'as ſous vn Roy ieune ou du Monde ou de France
Prefix du tout la fin) enflambe contre nous
Plus-toſt de toute Gent la guerre & le courroux,
De mon Peuple ſans plus, qui eſt tien, eſteins l'ire,
Eſteins l'ardent diſcord: enuoye nous, ô Sire,
Ta fille, qui eſt Paix: n'allegue point les maux,
Ny les pechez de moy, ny ceux de mes vaſſaux:
Deuant ta Maieſté nous accuſons coulpables
De t'auoir offenſé: mais quant aux miſerables
Qui ſont n'aimants ta Paix, d'vn cueur ſeditieux,
Malheur, & de rechef malheur, malheur ſus eux.

Fin de la Remonſtrance.

HYMNE

A Madame Sœur du Roy.

CE n'eſt pas moy qui par vaine louange
Comme pluſieurs d'vn Monſtre fais vn Ange:
Ce n'eſt pas moy qui prodigue d'honneurs
Par mots fardez vante les grands Seigneurs:
Ie ne veux point d'vn Corbeau faire vn Cygne,
Ny hault-louer celuy qui eſt indigne
De tout honneur, pour ne pipper ainſi
Les yeux de tous, & luymeſmes auſſi,
Ny valleter par flatterie auare
Ma Muſe auſſi pour louer vn Barbare.
  Mais c'eſt le vray qui d'vn honneur non feine
A vous louer, Madame, me contraint,

De qui le Corps a telle pourtraiture,
Qu'en rien ne peut se plaindre de Nature:
Car ie ne puis dire que verité
Quand ie dirois que dessoubs sa Beauté
(Qui orne plus vostre Grandeur Royalle
Qu'vn Diamant, ou Perle orientalle)
Est tel Esprit qu'il croist plus auiourd'huy
Que vos Ans mesme, & n'est pareil qu'à luy.
 En vous reluit ie ne sçay quelle grace
Tant bien meslee aux trais de vostre face
Tous compassez d'vne proportion
Auec vostre Oeil bel en perfection,
Qu'en vous parfait vne Beauté supréme
Plus à louer que n'est la Beauté mesme:
Et si veux bien qu'on sache que les Cieux
Font (vous donnant vn don si precieux)
Beaucoup pour vous, & pour toute personne.
 C'est don de DIEV qui à tous ne se donne,
Et sans lequel aux Hommes rien ne plaist:
Or est-il vray que peu souuent il est
Sans la Vertu, si qu'à la belle forme
Qu'on voit d'vn Corps l'Ame est souuent conforme:
La Beauté seulle esueille nos Esprits,
Et façonnant ceux qui sont mal-appris,
Elle adoucit les plus durs & rebelles,
Elle amollit les personnes cruelles,
Le fier Barbare attrait par sa Vertu
(Qui l'ayme & sert) comme l'Ambre vn festu,
Les Ieunes Gens aux Vertus elle attire
Et retient l'homme au milieu de son ire:
 Et ce grand Dieu qui mesme est la Beauté
Pour admirer en vous sa Deité

Et pour nous faire à sa Beauté si belle
Mieux aspirer par la vostre mortelle
(Tant que rauis desirions de le voir)
Vous a fait naistre, & au monde apparoir.

Qu'on ne m'allegue Helene malheureuse
Ny aux Troyens sa Beauté ruineuse,
vous n'estes telle, & si meritez bien
Pour vos Beautez vn siege Troyen.

Doibs-ie en ce lieu vostre Ieunesse dire
Laquelle on voit en vostre Beauté luire
Et dans icelle estre non autrement
Qu'est dedans l'Or vn riche Diamant.
Vostre Ieunesse est donc comme la Rose
Sur le Printemps à l'heure, à l'heure éclose
De son bouton, qu'on voit blanc & vermeil
Croistre en Beauté auecques le Soleil.

Il fait beau voir es Oeuures de Nature
Vn Arbre en fleur, vn Bocage en verdure,
Vn Champ fleury, vne Roze, ou vn Lys
Qui deueloppe au poinct du iour ses plys:
Il fait beau voir vn Parterre qui porte
De fruicts exquis, & de fleurs toute sorte:
Il fait beau voir l'Arc en ciel coloré,
Vne Mer calme, vn air bien temperé,
Vn Astre ardent, vne vermeille Aurore,
Vn cler Soleil, mais rien n'est-il encore
Qui plus contente, & soit à l'œil plaisant
Qu'en la Ieunesse vne Beauté croissant'.

Or qui voudra si loue le vieil Age
Pour son Conseil, pour sembler meur, & sage,
Graue, & Prudent, la Ieunesse est encor
Plus à priser, de tant qu'on prise l'Or

Plus que l'Argent, car sans elle on n'eut oncques
Beauté, plaisir, ny prouesse quelconques,
Voyla pourquoy ieunes, & non chenus
On feint les Dieux comme Mars & Venus.

Mais quand ie voy tant de Filles d'eslite
La Fleur de France, aller à vostre suite
Dignes vrayment pour leur honnesteté
D'estre alentour de vostre Majesté,
Et de n'auoir autre qui leur commande,
Quand ie voy dis-ie vne si belle bande
Il m'est aduis que les Nymphes ie voy
Qu'auoit tousiours Diane autour de soy.

Ie dis encor que veu vostre Ieunesse
Auant le temps meurissante en sagesse,
Veu vostre œil beau, vostre humble grauité
Qui prend les Cueurs, veu du Corps la beauté
Qui est cler-brune, & vous est naturelle,
Vous ne deuez d'Esprit estre moins belle,
Si on regarde à ce sçauoir facond
Que vous auez, de sorte qu'il confond
Le sot aduis du vulgaire qui pense
Mal-conuenir aux Dames la science:
Mais tout ainsi qu'en voyant les Cieux beaux
Tous lambrissez, & brochez de Flambeaux
D'vn beau Soleil, & d'Estoilles fichées
On peult iuger de leurs Beautez cachées,
On peult ainsi iuger de vostre Esprit
Par la Beauté qui par dehors fleurit.

Aussi, Madame, il ne fault estre belle
Tant seullement de Grace corporelle,
Il fault de l'Ame, & du Corps assembler
Les deux Beautez, & ne fault ressembler

Aux temples vieux de l'Ægypte idolatre
Qu'on vit iadis tous reluifants d'albatre,
D'or, de Porphyre, & de Iaffe au dehors,
Mais au dedans c'eftoient monftres bien ords
Tenus pour Dieux, & mefme Chats infames.

O combien font auiourd'huy de grands Dames
Qui quelque fois deffoubs le corps veftu
De broderie, & non point de vertu,
Soubs l'or, la foye, & foubs la couuerture
D'vne beauté cachent mainte laidure!

O combien plus d'Alcines font auffi
Qui n'ont en Cour que les fards en foucy
Pour enlaidir leurs beautez naturelles,
Ou pour paroir pluftoft folles que belles,
Et qui ayant auec le laict tetté
Le vice infect, l'orgueil, l'oifiueté,
Retiennent lors qu'elles font plus en aage
Les vanitez, l'efprit fier, & volage!

Mais leur follie a beau les déguifer
D'habits pompeux, les farder, les frizer:
A beau par art en depit de nature
Faire excufer, ou cacher leur laidure,
Garder leur taint, & de peur d'iceluy
Les enfermer comme dans vn eftuy:
A beau couurir quelque naturel vice,
Et leur ferrer le cuir par artifice,
Beau les mafquer, & leur plaftrer le taint,
Changer d'habits, de poil, de fourcy peint,
Hauffer leur taille, emprunter par grand'rufe
L'or de leur poil, leur taint de la cerufe
Beau raieunir l'Automne de leurs ans
En vn Efté, ou bien en vn Printemps:

Il fault mourir, & fçait on (quoy qu'il tarde)
L'art, & le fard de celle qui se farde
Pour l'orgueil vain d'vne laide beauté
Qui a tousiours tout amant degousté.

O qu'est la vostre heureuse qui parfaicte
N'est point, n'est point peniblement subiecte
De pratiquer mille moyens secrets
Pour l'augmenter ayant de si beaux traits!

Aussi, Madame, estant ainsi douee
Des dons de DIEV, & de chacun louee,
Vous ne deuez de vous rien presumer,
Car on ne peut presumption aimer.

Considerez que la beauté n'est vostre,
Elle est aux vers aussi bien que la nostre:
vous estes grande, ayant pour frere vn Roy
Si beau, si grand qu'il n'a pareil que soy,
(Car apres DIEV il n'est chose si grande
Qu'vn Roy de France, & dont fault que depende
Vostre grandeur) mais craindre il peult le sault,
Qui d'autant plus est grief qu'on chet de hault,
Tesmoing Saül que Dieu mesme fit estre
Vn Roy d'vn rien, & presque vn Dieu terrestre,
Tant qu'il sembloit aux estoilles toucher,
Mais tout à coup DIEV le fit trebucher.

Mais quand d'vn Roy vous ne seriez, Madame,
La sœur, la fille, & quelque iour la femme,
Quand vous n'auriez aucune dignité,
Quand l'or, le pourpre, & la diuersité
D'accoustrements, quand la perle & la soye
Seroient ostez, faictes qu'en vous on voye
Ie ne sçay quoy qui digne vous rendroit
D'auoir le rang que tenez orendroit:

Qu'on voye en vous vne grace qui plaise,
Que tout habit que vous preniez vous siéze,
Soit que le drap simplement vous vestiez,
Ou soit que l'or en pompe vous portiez:
Qu'on voye en vous ie ne sçay quoy d'aimable,
De graue aussi, qui vous rende admirable,
Qu'on voyë luire auec vostre beauté
Ie ne sçay quelle affable priuauté.

Prenez exemple aux deux grands Marguerites
Qu'auecque vous nostre France a produites
D'vn nom, d'vn sang: quand France or n'eust produit
Qu'en son iardin ces trois fleurs, & tel fruit,
Elle merite vne gloire immortelle:
Mais l'vne est morte, & qui ne s'esmerueille
De son esprit & sçauoir merueilleux,
Cestuy naquit sans oreille & sans yeux.

Songez, comme elle, en la beauté diuine,
Et à laquelle il fault qu'on s'achemine
Par la beauté de nous qui n'est sinon
De la beauté de DIEV qu'vn beau rayon:
Contemplez donc la diuinité belle
Pour en voir luire en nous quelque estincelle,
Aimez donc DIEV en la beauté de vous
Ou de celuy qu'elirez pour espoux.

Que vostre esprit, vostre prudence grande,
Vostre vertu aide au Roy qui commande
Sur vn Royaume autant grand & heureux,
Autant peuplé, paisible, & plantureux
Qu'il en soit point, car ce seroit dommage
De perdre, helas, vn si bel heritage,
Qui ne s'acquiert par meurtre ou par poison,
Par voix, par or, par brigue, ou trahison,

Comme plusieurs, & l'asseurez de sorte
Qu'il n'ait plus peur de sedition morte,
Qu'ambition voudroit bien derechef
Ressusciter, mais luy trenchant le chef
De ses desseins, on esteindra la reste
Des feus ciuils, desquels l'ire celeste
Nous semble encor menacer auiourd'huy
Comme voudroient les meschans, mais celuy
Qu'ambition seduit, & qui diuise
Le peuple esmeu soubs vmbre de l'Eglise,
N'aime son Roy, ny sa religion,
Et couue au cueur quelque autre intention.
   Comme Princesse humaine & pitoyable
Prenez par fois la deffense equitable
Du peuple, helas, qui tout rongé d'impos
N'a plus sinon que les nerfs & les os.
   Songez l'ahan des deux guerres passees
Pour luy plustost par miracles appaisees
Que par noz sens : parlez pour l'affligé
Qui par fois triste à la Cour mal logé,
Et mal traicté, poursuyuant vn affaire
Deux ou trois ans, en fin se desespere.
   Vous auez beau estre grande, & auoir
Le plus grand lieu qu'on puisse au monde voir,
Vous auez beau estre belle, sçauante,
Ieune, gentille, honneste, & triumphante,
Ce nonobstant quelques ans reuolus
De tout cela lon ne parlera plus,
Si surmontant vostre sexe, & vous mesme,
N'executez quelque vertu supreme,
Si vous n'auez quelqu'vn qui par ses vers
Le face vn iour sçauoir par l'vniuers:

ar dequoy sert d'estre en tout si parfaicte
la louange en est apres muette?
out le guerdon qu'on a de la vertu
est l'honneur seul, qui ne veult estre teu.
Ie ne vous puis faire vne hymne assez ample
voz vertus plus fort ie ne contemple,
omme à Ianet pour faire son deuoir
e bien pourtraire il est besoing de voir,
celle fin qu'il mesure la face,
ue d'vn pinceau les lignes il compasse,
es trais, la taille, & la proportion:
our peindre aussi vostre perfection,
ostre beauté, vostre grace parfaitte,
t voz vertus, Madame, ie souhaitte,
'en estre pres, & comme ie promets,
e vous vanger de l'oubly desormais,
ar s'il vous plaist que de vostre excellence
is seruiteur en toute obeissance,
feray tant que les ans ny la mort
vostre nom ne feront point de tort.
Mais cependant prenez ces vers en gage
'auoir de moy quelque plus digne ouurage,
uis que de D I E V l'image retenez
utant à gré ce peu de vers prenez
ue sa bonté reçoit à gré l'offrande
ui ne vault guere, autant qu'vne plus grande.
O toy, Seigneur, qui as pris la beauté
our l'ornement de ta diuinité,
onne vn espoux sans plus à Marguerite
ußi beau qu'elle, & qui bien la merite,
ar qui voudroit autre heur luy souhaitter,
our puis luy rendre il luy faudroit oster.

CARTEL POVR DAMOISELLE
CATHERINE DE PARTHENAY.
A tous Cheualiers Errants.

Pvis que pour eſtre iſſue de maiſon
   Grande de race, & de biens à foiſon,
(Vne grand Fee ayant pour mon ayeulle)
Puis que pour eſtre heureuſe d'eſtre ſeule,
Appriſe aux arts, & aux langues des Grecs,
Et des Romains, & pour auoir apres
En vn corps ieune, & dont la pourtraiture
Ne peut en rien ſe plaindre de Nature,
Vn eſprit grand qui croiſt plus que mes ans,
Ie ne puis ore eſtre ſans pourſuyuans
A qui deſia l'Auril de mon bel aage
Trop toſt publie vn bruit de mariage:

   Ie veux apprendre à tant d'Amans diuers
L'art d'aimer bien, & mon but par ces vers:
Puis que de grace vn pere m'en diſpenſe
A qui ie dois treshumble obeiſſance.

   Nul donc, s'il n'eſt, comme moy, de ſçauoir,
Ne penſe point ma bonne grace auoir,
Nul, s'il ne m'aime, à m'aimer ne s'appreſte,
S'il ne ſçait bien que c'eſt d'amour honneſte,
S'il ne ſçait l'heur de choiſir ſa moitié,
Et en quoy giſt la parfaitte amitié
Qui cauſe vn bien ſouuerain en ce monde
A ceux qui l'ont, laquelle ne ſe fonde
Sur le profit, ny ſur le vain plaiſir,
Mais ſur amour qui va deuant deſir:
Et ne s'acquiert par l'art d'ypocriſie,
Mais par ſoymeſme, & par la courtoiſie,

et ne se loge au cueur qui n'est attaint,
Mais qui ouuert, volontaire, & non feinct
Est tousiours vn: donc ie veux qu'en la sorte
Telle amitié pour iamais on me porte,
Que seulement on face estat de soy,
Et que de moy on n'aime rien que moy.
  Tel amour vray ie ne veux qu'on deteste
Qu'on voit causé par l'vnion celeste
De deux esprits, qui estant en deux corps,
De s'estre au ciel entre-veus sont recors.
  Ie veux qu'amour qui sert ailleurs de vice
Serue par moy d'vn louable exercice,
Et ce qui est ailleurs voluptueux
Serue d'appast pour estre vertueux.
  Or quant à moy ie n'estime pour larmes,
Ny pour souspirs, ny du tout pour les armes,
Ny pour le bal, ny pour bien estre en poinct
Vn tas d'amants : ceux la ie n'aime point
Qui sans amour aimants d'amour contrainte
Sauent transis faire d'amour la feincte,
Qui d'vn tour d'œil, par pleurs & souspirs feincts
Sauent monstrer n'estre d'amour attaints.
  Ie ne veux point que si fort on ahanne
A demonstrer vne amour courtisanne,
Ie suis d'auis que lon quitte cest art
A l'Espagnol, au Thuscan & Lombart :
Ie voy si cler que ie puis vne attainte
Voir iusque aux cueurs, voir la vraye ou la feincte.
  Arriere ceux que la faueur des grands
Qu'on prise tant, que l'appuy des parents,
Qu'armes, que biens, qu'estats, & qu'alliance
Ont presumer de vaincre ma constance,

Cela ne doit mon grand cueur esbranler,
Mais bien cela qu'on doit sien appeller,
Estimant peu les choses où fortune
S'est autant faicte à moy, qu'à eux commune.
    Arriere ceux qui ne sont de vertus
Mais d'or, de soye, & d'argent reuestus:
Ie veux que nul à moy ne se presente
Qu'vn qui sçauant toute chose excellente
Puisse en moy querre, en moy où n'y a rien
Si ce n'est luy qui cherchera si bien,
Et veux qu'auec vne sçauante grace
Bien demandant bien respondre me face.
    Ie sçay qu'icy mes propos n'auront lieu
Enuers ceux là qui n'ont point autre D I E V
Que volupté, Ignorance, Auarice,
Et qui ne font leur vertu que de vice.
    Si Meluzine, experte par destin
Aux arts de Fee, apprit vn Raymondin
Qu'elle choisit, moy donc de son lignage
Ie veux monstrant d'amour le vray vsage
Aduiser d'vn par seure election,
Car d'vn parfait vient ma perfection.
    Mais craignant fort pour mes graces exquises
Qui de plusieurs pourront estre requises
Malcontenter d'vn congé l'importun,
Et de dresser (en fauorisant l'vn
Plustost que l'autre) aux miens querelle & peine:
    Ie veux ainsi que le pere d'Heleine,
(Pour euiter la mal-grace & l'ennuy
Qu'il preuoyoit pouuoir tomber sur luy,
De tant d'amans dont la presse amoureuse
Importunoit la beauté dangereuse

Qu'auoit

Qu'auoit ſa fille) à elle offrit le choix
D'en nommer vn qu'ell' voudroit de ſa voix:
Ie veux ainſi qu'à la courſe, Athalante,
Et qu'à la force aux armes, Bradamante,
Se firent pris à tous vainqueurs eſpoux,
Ie veux ainſi faire vne loy à tous:
Non que ſur moy il faille qu'on pratique
Le choix, la courſe, ou le tournoy publique,
C'eſt que nul Noble eſpere de m'auoir
S'il ne me vaincq en vertus & ſçauoir,
Et s'il ne ſçait comme vn Oedipe habile
Interpreter ceſt Ænigme facile.

L'ÆNIGME.

C'eſt qu'il y a vn Element au monde
Premier que l'air, le feu, la terre, & l'onde,
Et de ces quatre eſt le quint Element,
Qu'il entretient en nous égallement.
Il eſt puiſſant, & non comprehenſible,
On le ſent bien, & s'il eſt inuiſible,
Meſme on le tient, diuers en diuers lieux,
Tel qu'on le ſent : l'vn le peint gracieux,
L'autre cruel, & volontiers chaque homme
Selon qu'il eſt (ou ſage, ou fol) le nomme.
Il prend de nous ſon portrait, & ſon nom,
Ou ſa couleur comme vn Cameleon,
Qui voudroit voir ſon eſſence infinie
Faudroit des cueurs faire vne anatomie.
Il eſt ſon tout, il n'a pere que ſoy,
Et n'eut iamais mere, comme ie croy,
Il eſt de ſoy rond & hermafrodite,
Et ſi iamais en mauuais lieu n'habite,

L'homme sans luy est languissant & froid,
Mal-gracieux, mal-propre, & mal adroict:
Festins, banquets & compagnie honneste
Sont ennuyeux & froids, s'il n'est de feste:
Nostre plaisir est desplaisant sans luy,
Et par luy n'est ennuyeux nostre ennuy.

Il lit aux cueurs, & s'il n'a d'yeux l'vsage,
Il fait puissant le foible, & le fol sage,
Il fait tout plaire, & sans luy tout n'est rien,
Il est malade en santé, pauure en bien,
Il est hautain & humble tout ensemble,
Et proprement à soymesme il resemble.

Il vnist tout, il fait, change, & deffait,
Il n'aime rien de laid, ny d'imparfait,
Il est par tout, en terre, au ciel, & mesme
Aux bas enfers, & rien que luy il n'aime.

Il cognoist tout, & toute chose il peult,
Il vient de grace, & ne l'a pas qui veult,
Ne permettant que maugré luy on l'aye,
Sinon il fait vne cuisante playe.

Il se fait plus aimer que la beauté,
Estant content ne donne que santé,
Et pouuant plus en beauté que nature,
Fait excuser, ou cacher la laidure:
Mesmes sans luy la beauté est laideur,
Et de malice il purge nostre cueur.

Il n'est amer, si d'aucuns il mal-traitte
Sont ceux qui l'ont de façon indiscrette:
Il cause autant d'heur & felicité
Que fait Phœbus par sa belle clarté,
Qui l'a est riche, & n'est à l'inconstance

DE

Du fort fubiect. or qui n'a cognoiffance
parfaictement de l'heur qu'il a en foy,
Ie le declare eftre indigne de moy.

AVX DAMES.

Cartel de ma conftance & loyauté, pour vn Tournoy.

Soit qu'en ce lieu m'ait conduit le bon-heur
Ou le defir de monftrer ma valeur,
Ie ne me veux découurir pour ne faire
Luire mon nom au groffier populaire:
  Mais ie publie à toute Damoifelle
Qui de l'amour couue quelque eftincelle,
Ie fais fçauoir à tout homme d'icy
Qui de l'amour eft le vaffal auffi,
Et qui au lieu d'eftimer veritable
Ma ferme foy l'eftime variable,
Comme de ceux, qu'on voit quefter toufiours
Nouueau-gibier, ou le change en amours.
  Ie fais fçauoir à tous par ces miens vers
Que ie n'en fers qu'vne en tout l'vniuers,
Gardant d'amour la loy inuiolable,
Non point leger, & non point variable.
Que ie fuis ferme ainfi qu'vn Roc bien gros
Qu'en Mer le vent, la tempefte, & les flots
Aucunement ne peuuent efbranler,
Ny d'vn cofté, ny d'vn autre crouller.
  Qu'au cueur d'vn arbre ay le mien tout femblable,
Deffus lequel fi vn nom agreable

CARTEL.

Vous engrauez, plus l'écorſe croiſtra,
Et d'autant plus le nom apparoiſtra.

I'ay deſia fait par bonne preuue entendre
Que ie n'ay point le cueur de cire tendre,
Long fut amour vne eſcaille à leuer
Quand y voulut vn ſeul portrait grauer.

Il ne fault point qu'alleguer on me vienne
Les Cheualiers de la Table ancienne,
Ny ceſtuy-la qui deuint furieux
Pour trop aimer d'Angelique les yeux:
Ne Bradamant, ne Roger, n'Amadis,
Ne ſon arc feint, car pour le temps iadis
S'ils ont ſur moy quelque force, ou beauté,
Ie ne leur cede en rien en loyauté.

Si de Fortune il aduient qu'aucun ſoit
Tant courageux, tant fier & tant adroit,
Que de me dire en cecy le contraire,
Ie m'attends bien l'arme au poing de le faire
Deſdire en bref aux deſpens de ſon ſang,
Pour luy monſtrer combien i'ay le cueur franc,
Et pour monſtrer que quand bon il me ſemble
Ie ſçais lier Mars & Venus enſemble.

Si d'auenture il aduenoit auſſi
Que quelque Dame entrepriſt or cecy,
D'autant qu'on doit des armes l'excuſer,
Il luy faudra de ces raiſons vſer,
Pour luy monſtrer que ie ioincts au ſurplus
Mars à Minerue auſſi bien qu'à Venus.

EPISTRE A VNE DAMOISELLE
DE L'HONNESTE AMOVR.

PVis qu'ainſi eſt que ie ne puis de bouche
vous declarer le mal qui mon cueur touche,
Ie ne puis moins que de me deſgorger
Sur le papier à fin de m'alleger,
Car pour l'amour le papier eſt propice
Qui ne rougiſt, & ne fait qu'on rougiſſe
Alors qu'on vient à deſcharger du cueur
Sa paſſion, qui de honte & de peur
N'oſoit ſortir de noſtre bouche clauſe.
　Doncques ſçachez qu'Amour eſt vne choſe
Tant excellente & noble, que iamais
Ne choiſit place en cueur laſche & mauuais,
Mais bien touſiours ſa demeure a choiſie
Aux cueurs remplis d'honneur & courtoiſie,
Aux cueurs gentils, aux cueurs dignes de luy,
De l'amour vray ie parle, dont l'appuy
N'eſt ſur le gain, ny le plaiſir indigne
Tel qu'en ſa Court maintenoit vne Alcine.
Mais ſur l'honneur, ſur vn deſir non feint
Qui vertueux, honneſte, & non contraint
Dure touſiours. donc ie dis qu'en la ſorte
Vne amitié pour iamais ie vous porte,
Car vous ſçauez que biens ou reuenus,
Commoditez, ou deſir de Venus,
Mais gentilleſſe honneſte, & non forcee
Voz dons de grace & vertus l'ont cauſee.
　Or le pouuoir de mon aſtre fatal
Eſt cauſe auſſi de ce bienheureux mal
Qui me ſaiſit le cueur à l'impourueüe

EPISTRE.

Par l'œil mal caut du iour qu'il vous eut veuë.
Ie n'en puis dire autre cause pourquoy,
Fors que ie vis en vous ie ne sçay quoy
Qui me forcea vous porter amour forte
Par vn pouuoir incogneu) de la sorte
Que lon voit l'Ambre attirer le festu
Par vne propre & secrette vertu.

    Lors (veu qu'Amour n'est en nostre puissance)
Qu'eust fait raison? qu'eust fait ma resistance?
Si donc ie suis contrainct de vous aymer
Vous ne deuez ma poursuitte blasmer,
Ne reiecter l'affection conçeuë
Dedans mon cueur des la premiere veuë
Où nos Esprits se sont entrecogneus
S'estans au ciel parauant entre veus,
Car tel Amour il ne fault qu'on deteste
Comme conduict par le vouloir celeste,
Comme plus vray plus certain & moins feint,
Comme ayant plus par le passé contrainct
D'hommes treshaults à cheoir dedans sa flamme
Du premier iour qu'ils aduisoient leur Dame,
Tesmoing l'amy de Laure que les Dieux
Firent aimer, tesmoing le Furieux,
Tesmoing l'amy d'vne qu'Eliodore
A faicte blanche & naistre d'vn Roy more,
Tesmoing Roger, Bradamant, Amadis,
Et mil encor' qui ont aimé iadis:
Et si ma force à ceulx la n'est egalle,
Ie ne leur cede en rien d'Amour loyalle.
Ce n'est pas moy, que lon voye addonné
A faire bien l'Amant passionné,
Ie n'ay appris d'vne plaincte rusee,

D'vn

D'vn faux tour d'œil, d'vne larme forcee,
D'vn mot de Cour, & d'vn souspirer feinct,
A demonstrer signes d'amour contrainct:
Ie n'ay appris à me gesner moymesme,
Monstrer ma face, ou maigre, ou triste, ou blesme,
Comme d'aucuns qui aymants sans amour,
Font par plaisir, ou par liure, la Cour:
Ce n'est pas moy qui né franc en la France
vueille d'Amour tirer la quint'essence,
Quittant du tout tels mestiers mal plaisants
Aux Espagnols, Lombars, & courtisans.
Tant cler voyez que vostre œil peult la playe
Voir iusqu'au cueur, voir la feincte, ou la vraye.
    Quand à la chose ou mon desir pretend
Fault peu de chose à le rendre content,
C'est que selon vostre bon gré ie puisse
Vous estimer, vous faire humble seruice,
Et par honneur amitié vous porter,
Puis que cela ne vous peult rien couster.
    Pour vous fleschir à m'aimer d'auantage
Ie ne veux mettre en auant mon lignage,
Armes ny biens, ny noblesse de sang
Qu'vn peuple prise, & non vn esprit franc:
Ie ne veux point par cela où fortune
S'est autant faicte aux miens qu'à moy commune
Importuner vostre cueur à m'aimer,
Mais par cela que mien ie puis nommer.
Ie croy pour vray qu'offensé ie me fusse
Si deschargé de mon esprit ie n'eusse
L'amour martir que ie vous ay descrit
Aussi nument que ie l'ay dans l'esprit.
Vous pourrez bien comme fille despite

Me commander de ceſſer ma pourſuitte,
Mais en faiſant voſtre grace ceſſer
De vous aimer me pourrez diſpenſer,
Vous pourrez bien me donnant blaſme & peine
Vous enrichir d'vne louange vaine,
Mais voudriez vous me punir, me blaſmer,
Me rendre mal pour ſi bien vous aimer?
Vous pourrez bien quand & quand me reprendre
Que i'ay voulu comme trop entreprendre,
Mais voudriez vous le deſtin empeſcher
Qui ma moictié me fait en vous chercher?
Voila pourquoy au pis aller ie penſe,
Que ie n'ay faict que d'vn papier deſpenſe,
Si d'auenture en le trouuant mauuais
Auez conclud de ne m'aimer iamais,
s'il eſt ainſi ne faictes ie vous prie
Que ce papier ſerue de mocquerie
Ny d'entretien à celuy de qui l'heur
Pourroit chez vous trouuer plus de faueur,
Mais poiſez l'heur que nous aurions enſemble
S'il vous plaiſoit, car il n'eſt ce me ſemble
Vn heur plus grand, que le contentement
Qu'ont deux eſprits vnis parfaictement.

Fin de l'Epiſtre.

REGRETS POVR LE SEI-
GNEVR DE MONGOMMERY A
la mort du Roy Henry ſecond.

Cain.

A Inſi qu'on vit iadis le Fils aiſné du Monde
Trainer dans les foreſts ſa vie vagabonde,

Quand

Quand luy premier bourreau de sa dextre meurtriere
Eut au premier Martyr donné la mort premiere, Abel.
Ainsi qu'on vit Oedipe, Oreste, & Ixion
Errer par l'Vniuers pour la punition
De leurs crimes commis, gesnez de facheries,
Rongez de mille soings, harsellez de furies:
   Ainsi moy malheureux à la male-heure né,
De mille & mil' soucis sans cesse enuironné,
Assiegé d'Ennuis, accablé de Regrets,
Ne hantant que les lieux sauuages & secrets,
Ne resuant qu'à mon mal, & de tous gens arriere
Ie fuy comme vn Timon le monde & la lumiere.
   Mais ie sens en tous lieux que i'aille, ô moy chetif,
Vn deplaisir, helas, qui me tourmente au vif.
A peine que la rage, & le dueil violent
Ne m'a le sens osté ainsi qu'à vn Roland.
   Maudite soit la nuict en qui ie fus conceu,
Et plus maudit le iour que premier i'apperçeu,
Quelle Estoille gauchere a dessus ma naissance
Versé tout le malheur de sa male influence?
   O moy cent fois heureux si naissant auorton
Ains que voir le Soleil i'eusse esté voir Pluton!
Estoit-ce donc des Cieux la fatalle ordonnance,
Que ie naquisse au damp, & au malheur de France!
   Pourquoy sceus-ie iamais vn Cheual manier?
Pourquoy m'a l'on appris des armes le mestier,
Mestier tant malheureux! pourquoy ay-ie autrefois
Desiré les honneurs des Ioustes & Tournoys?
Pourquoy fus-ie iamais issu de bonne race?
Que n'ay-ie esté conceu entre le Populace,
A fin que Laboureur, plustost que Cheualier,
I'eusse aux champs halleté pour mon pain iournallier,

Et n'euſſe iamais ſceu loing de la Cour de France
Ny picquer vn Cheual, ny briſer vne Lance.

   Ah que les tourbillons quand i'entray dans la Lice
Ne m'ont-ils entrayné dans quelque precipice?
Et que ne ſ'eſt la Terre ouuerte deſſous moy
Alors que ie courois à la mort de mon Roy?
Ie penſe qu'vn Dæmon me retint par derriere
Soudain qu'à mon Ronçin ie donnay la carriere.
Mais lás! de mon malheur la fiere violence
Guidant le coup fatal, & roidiſſant ma Lance
D'vn eſclat rejally me fit perçer les yeux
Iuſques à la Ceruelle au Roy que i'aymois mieux
Que mon cueur, tellement que pour ſauuer ſa vie
La mienne volontiers ie me fuſſe rauie.
Ainſi ſe complaignoit le triſte Dieu de Cinthe
Quand il eut par meſgarde occis ſon Hyacinthe,
Ainſi ſe complaignoit l'infortuné Cephale
Quand ſa femme il occit de ſa fleche fatale.

   Helas, helas, H E N R Y, puis que la force mienne
Eſtoit indigne d'eſtre egallée à la tienne,
Puis que tu enuoyois tous les autres par terre
Eſclattant ſur le fer ta lance comme vn verre,
Que ne m'a la roideur de ton Bras atterré
Ains que i'euſſe ton œil d'vn eſclat enferré?

   Bon Dieu! quel creue-cueur, quelle confuſion,
Et quels troubles i'ay veu à mon occaſion!
Par moy la Paix nouuelle a preſque eſté en doute,
Par moy toute la Court, voire la France toute,
Encor, encor ſoupire, & par moy les François
Deſormais haïront les paiſibles Tournois,
Par moy tant de beaux jeux, & de preparatifs
Qu'on faiſoit à Paris, furent tous inutils.

Hḯ

Há, qu'vn seul coup de Lance a mis de changements
Aux faueurs, aux Eſtats, & aux Gouuernements!
Que i'ay en vn moment fait pallir de viſages,
changer d'auis, d'eſpoirs, d'attentes, de courages!
Mais malheureux cent fois qui s'auiſa premier
D'abbattre le Sapin, le Freſne, ou le Cormier,
Pour arondir le boys, dont ma Lance mornee
Fut apres en longueur, ainſ en malheur tournee,
Tant que le plus grand Roy du Mõde, (quel dommage!)
En a perdu la vie au milieu de ſon aage.

Deá quel Rhone, quel Rhin, quelle Seine, ou Tamiſe
Me pourra nettoyer de ma Faulte commiſe?
Quand la Mer deſſus moy ſeroit or degorgee
Ma Faulte n'en ſeroit aucunement purgee,
Mais doibs-ie appeller Faulte, en ce que telle offenſe
(Si offenſe il y a) ie feis par ignorance!
Mais tant y a que i'ay pour pleurer ceſt erreur
De mes yeux à peu pres tary toute l'humeur.

En tout lieu que ie voyſe, en me monſtrant au doy,
Voila, dit on, celuy qui a tué le Roy.
Ainſi moy parauant cognu en peu de lieux,
Ores i'acquiers par tout vn renom odieux,
Non tant par mes Vertus qu'autrement, à l'exemple
De celuy qui d'Epheſe alla bruler le Temple.   Eroſtrate.

O valeureux Henry, Prince que tant i'honore,
Si quelque ſentiment il te demeure encore,
Soit que tu ſois là bas és Plaines Elizees,
Soit que tu ſois au Ciel pour tes vertus priſees,
Pardonne moy ta mort, regarde mes complaintes,
Et de ton ſeruiteur voy les larmes nõn feintes,
Voy le remors & dueil qui mon ame tourmente,
D'auoir eſté l'autheur de ta mort violente.

Lás si de mon Erreur vangeance tu requiers,
Ie te sacrifiray ma vie volontiers
Dessus ta sepulture, ainsi que Polyxene
Par sa mort appaisa du Grec l'ombre inhumaine:
Ie ne songe que toy, car ton ombre dolente
Nuict & iour, ce me semble, à mes yeux se presente.
Donc voudrois-tu de moy plus ameres vangeances
Que les soucis cuysans, les aspres repentances,
Et le dueil qui tousiours en martyre me tient?
Ainsi tout mon malheur de ton malheur prouient,
Et tout le mal que i'ay, c'est que mal ie t'ay fait.
Mais ie pry ce grand Dieu pour punir le forfait
D'auoir sur vn tel Roy souillé ma main sanglante,
Qu'il change en vraye mort ma vie languissante,
Moy estant foudroyé, que la Ronce maligne,
L'Ortye, & le Chardon mon Sepulchre egratigne,
Qu'en lieu de fleurs, de manne, & miel delicieux,
Il n'y descende rien que la fureur des Cieux,
Et qu'on y graue autour, CY GIST MONGOMMERY,
QVI courant à la mort du second Roy HENRY,
(Tant le fort malheureux guydoit son bois meurtrier,
Et l'esle du malheur les pieds de son destrier)
A de ce monde esteint, luy esteignant la vie,
L'heur, la bonté, la paix, l'amour, la courtoysie:
Mais qui a allumé tandis l'impieté,
La guerre, le malheur, la haine, & la fierté,
Comme s'il eust r'ouuert la boette de Pandore,
Ou qu'vn Foudre diuin fust dans sa lance encore,
Tant cheut en vn moment de maledictions,
De cris, de pleurs, de maux, & de seditions.

FIN.

LE TOMBEAV DV ROY
FRANÇOYS II. POVR LE
Temple de S. Denys, luy-
mefme parle.

Sache, Paffant, qui deffoubs cefte voufte
Vois mon Cercueil, que ie fus autrefois
Le Roy de France à peine feize moys,
Fils de celuy qui courant à la ioufte
Vit efclatter d'vne lance cruelle
Son Chef fanglant iufques à la Ceruelle.

Las par la tefte à mort ie l'ay veu mettre,
Et moy fon Fils par la tefte ie meurs,
Qui corrompue, & iectant fes humeurs,
Perdre m'a fait & la vie, & le fceptre,
N'ayant regné que iufqu'à l'an deuxiéme,
N'ayant vefqu que iufqu' au dixfeptiéme.

Encor, encor fi pour ce peu de vie
Fortune m'euft de Troubles garanty,
Que n'euffe au moins ny fon effort fenty,
Ny fes faux tours, ny fa maligne Enuie !
Mais Dueil, & Peine, Ennuy. Soupçon, & Crainte,
Sont les Ioyaux de ma Couronne efteinte.

Las ie n'ay prefque au Monde pris haleine,
Ny monftré prefque aux Armes mon ardeur,
Ny fceu combien grande eftoit ma grandeur,
Ny fceu que c'eft de commander à peine,
Qu'il me fallut, appellé de mon Pere,
L'accompaigner en pareille mifere!

Deá, quel defaftre eft-ce qui regne en France?
Eft-ce point Dieu qui la veult chaftier?
Vueille y pouruoir, ô toy mon Heritier,

Et pour fuir la diuine vangeance,
Cherche d'où vient ceste grande misere
Tant que tu sois plus heureux que ton Frere.

    Seroit-ce point vn vieil forfaict qu'on laisse
A reparer, & que Dieu par apres
Vomist sur nous sa fureur tout expres?
La mort, helas, du Roy mon pere expresse
Le monstre assez, & de rechef la mienne
Non moins piteuse & prompte que la sienne !

    Ie n'eus viuant qu'vne vie mourante
Fausse & douteuse, ayant non plus de bien

Denys. Que si au lieu du Roy Sicilien
Ie fusse assis soubs l'Espee pendante:
Encor est-il, qu'vn Plomb couure ma gloire,
Et qu'auec moy i'emporte ma memoire.

    Le Ciel voulut enuieux sur mon estre,
Qu'au Monde ayant seullement vn peu luy,
Ie fusse à coup d'vn Brouillas circuy,
Sans rien laisser pour me faire cognoistre,
Sinon de moy vne Ame vagabonde,
Qui s'est rejoincte au grand Esprit du Monde.

    L'arbre couppé germer encor espere
Vielly dans terre, & par vigueur des eaux
Se reiecter en quelques verds Rameaux,
Et d'autres fruicts de son vieil Tronc refaire,
Mais rien ne sort de nostre Souche humaine
Que les seuls vers de ceste Tombe vaine.

    Non que sur toy, passant, ie porte enuie,
Car tant s'en fault que ie plaigne ma mort,
Que ton malheur, ta vanité, ton sort,
Font que plustost i'ay pitié de ta vie.
Plus malheureux aussi ie te repute

Qu'vn trespassé, ou qu'vne beste brute.

Pauure mortel que D I E V iadis fit naistre
Auec raison pour auoir plus de maux,
Et le plus serf de tous les animaux.
Ie plains ton rien, ta vanité, ton estre,
Qui fol encor tes malheurs ne contemples
Sur ceux des Roys, & sur autres exemples.

Sur moy, qui fus vn de ces Roys de France,
Dont apres D I E V il n'est rien de plus grand,
Et puis tu veux (comme estant ignorant
Que d'ord limon tu as pris ta naissance)
Bouffer d'orgueil, & puis (quelle folie!)
D'vn long chagrin tu t'accourcis la vie.

Aumoins, Passant, mon pauure Esprit ne fache,
Si moy, regnant, ie n'eus aucun repos,
Point ne m'outrage, ains laisse en paix mes Os,
Que si ma mort des larmes ne t'arrache,
Apprens au moins à prendre en patience
La mort, voyant celle d'vn Roy de France.

EPITAPHES.

L'EPITAPHE DV ROY HENRY
II. POVR LE TEMPLE S. DENYS.
Luy mesme parle.

Qvicõques sois, Vassal, qui marches dans ce Temple:
De tout mon Regne voy le variable cours,
Voy comme la Fortune a ioué de ses tours
Dessus moy bien & mal, & ma vie contemple:
Há c'est peu d'estre grand, i'en sers icy d'exemple,
D'estre presque adoré par ces Royales Cours,
C'est peu d'abboyer tant à ces honneurs si courts,

De mendier vn Sceptre, & faire son Regne ample:
  Cela passe soudain. durant que i'ay vescu
On m'a veu par la Guerre & vainqueur, & vaincu,
Comme Fortune en moy monstroit son Inconstance:
  Mais cuydant par la Paix estre au bout de mes maux
Du Desastre, & du Sort, & de tous mes trauaux,
Moy, mes heurs, mes Espoirs sont brisez d'vne Lance.

L'EPITAPHE DV ROY
FRANÇOIS DEVXIEME.
Luy mesme parle.

Qve pauure est de nous Roys l'estat, l'estre, & la vie
  Puis qu'à coup sur noz chefs pleut la foudre,
  & la mort!
Depite donc, vassal, toy, ton estre, & ton sort,
Puis qu'à coup Dieu nous a la Couronne rauie.
  Ta mort, mon piteux Pere, ay tout piteux suyuie,
N'ayant que respiré, comme charmé d'vn Sort.
Aurions nous bien émeu l'auth eur des Roys à tort,
Nostre Peuple, ou bien nous, quand nous estions en vie!
  Mon Frere, qui tiens or le grand Sceptre de France,
Voy que c'est, & repare à Dieu la vieille offense,
Qu'il te soit plus qu'à nous de vie, & d'heur donné:
  Puis voy par ma pitié que c'est d'estre en ce Monde,
  Que c'est de ses Honneurs coulans plustost qu'vne onde,
  Et que c'est presque vn heur de n'estre iamais né.

L'EPI-

L'EPITAPHE DE MON-
seigneur le Marquis de Beaupreau,
fils vnique de feu Monseign.
Le Prince de la Roche-sur-Yon.

Luy mesme parle.

Le Ciel, pour depiter d'auantage la France,
M'y fit vn peu reluire, & puis m'en a osté,
Apres qu'il m'eut orné de grace & de beauté,
De bonne nourriture, & d'illustre naissance.
Le Cheual qui tomber me fit par violence,
Esteingnit auec moy tel don, telle clarté,
Tel ioyau, tel honneur, & telle maiesté,
Et par terre il rua des Françoys l'esperance.
Au moins deuois-ie auoir plus de temps & d'espace,
Pour parfournir l'espoir qui luisoit en ma face:
Et si faire on pouuoit reuiure vn trespassé,
Les larmes qu'on me fit, font que mieux ie merite
D'estre ressuscité que ce chaste Hippolyte,
Qui fut ainsi que moy de ses Cheuaux froissé.

L'EPITAPHE DE FRAN-
çoys de Cleues, Duc de Niuernois,
le Pere.

Vn Prince gist icy qui en honnesteté,
En grace, en courtoysie, en douceur, en clemence
En prouësse & valeur, autant qu'en abondance
De biens, d'estats, d'honneurs, vn vray Prince a esté.
Veu qu'il a par amour, & par humanité
(Non par ambition, ny par outrecuydance)
Des Peuples & des Roys gaigné la Bienueillance,
Que n'a-il de la mort gaigné la dureté?

Mais l'enuie qu'il eut de seruir bien noz Roys
  Aux guerres, & combats, fut plus grande cent fois,
  Que ne fut contre luy de ceste mort l'enuie.
Et s'on pouuoit la Mort & le Roc de son cueur
  Amollir quelque peu par l'eau de nostre pleur,
  O que bien-tost bien-tost on le mettroit en vie!

L'EPITAPHE DV ROY DE
Nauarre, Anthoine de Bourbon.

Vous grands cessez cessez vostre guerre ordinaire,
  Amollissez vos cueurs, ne voyez vous le mal
  Qui peut choir sur vos Chefs? ce Roy d'vn cueur Royal
  Importunant la guerre y fut tué naguere:
Or estant ce Roy preux, & ayant eu vn Frere
  Sage, vaillant, & fort, ainsi qu'vn Annibal
  Mort d'vn trespas forcé par vn coffre fatal,
  Puis vn autre au milieu d'vne bataille fiere.
On ne doit s'esbahir si leur frere a esté
  Meurtry fatallement, & mesmes en la guerre
  Par vn plomb violent, pres vne grand' Cité.
Mais mourant sans pouuoir reconquerir sa terre
  Du sceptre de Nauarre, il est allé aux Cieux
  Conquester pour iamais vn regne plus heureux.

L'EPITAPHE DE FRANCOYS
de Cleues, Duc de Niuernois, le fils,

Cy gist vn ieune Duc, dont la mort pitoyable,
  La grace, la beauté, le maintien si courtois,
  Et l'espoir qu'on auoit de cueillir quelque fois
  De sa haute valeur quelque fruict proffitable,
Monstrent combien on doit tenir pour detestable
  Toutes armes à feu, qui n'ont comme tu vois

Espargne

Espargné ny les grands, ny les Ducs, ny les Roys,
Tant ceste inuention est vrayement miserable!
maudite Pistolle, effroy du genre humain,
Incertaine, meschante, execrable, & villaine,
Qui deusse estre l'horreur d'vne vaillante main!
es Roys prudents deuroient autant prendre de peine
A tascher d'abollir de toy l'inuention
Que les opinions d'vne Religion.

L'EPITAPHE D'VN
qui parle luy-mesmes.

ous Princes, qui passez, vous Roys, & vous Seigneurs,
Pleurez sus mon tombeau, non d'enuie, à l'exemple
D'Alexandre le grand, mais pleurez en ce temple
Le pauure estat de nous, & de noz vains honneurs:
combien plus heureux qui vit sans ces grandeurs,
Qui plus côtént d'vn toict, que d'vn regne biē ample,
Rit noz ambitions, de loing noz maux contemple,
Et qui ne suit les Cours de Roys, ny d'Empereurs!
oyez qu'on m'a d'vn Plomb chassé du corps la vie,
M'esforçeant de chasser (ô mondaine follie!)
Quelques opinions hors des cerueaux humains.
ais si ie n'ay fait bien en ma vie passee
Ma mort a fait beaucoup qui la Paix a causee,
Tu as donc tort, passant, si de moy tu te plains.

L'EPITAPHE D'VN CVEVR.

ans ce Plomb fut enclos vn miserable cueur,
Lequel ne fut iamais tant qu'il fut plein de vie,
Franc de mauuais pensers, de tourment, & d'enuie,
Ny franc d'ambition, de fraude, & de rancueur:
ais ce fut vn cueur faux, duquel la puanteur

H ij

EPITAPHES.

Engendre icy l'Aspic, cueur plein d'hypocrisie,
Cueur maling qui n'eut onc que feinte courtoysie,
Cueur hay de tous cueurs, Cueur de guerres autheur,
On trouue bien le fond de la Mer si profonde,
La source du grand Nil, la mesure du Monde,
La fin des môts plus haults, le bout d'vn long chemin
Bref le centre, & le cueur de ceste terre ronde,
Mais à ce Cueur remply d'ambitieux venin
On ne trouua iamais ny fond, ny bout, ny fin.

L'EPITAPHE DV CVEVR
d'Anne de Mômorancy Côneft. de Frâce.

Cy gist le Cueur d'Anne Mômorancy
Qui eut d'Europe, & des Roys cognoissance,
Car estant vieil d'age, & d'experience,
Nul Connestable egalla cestui-cy.
Plus qu'vn Roy mesme il fut heureux icy:
Pour le louër on a trop d'abondance.
Il fut l'Escu, & le Nestor de France,
Vainqueur d'Enuie, & de Fortune aussi.
Son Cueur sans Fraude oncques ne fut trahy
De Trahyson, ny d'autres Cueurs hay,
Mais eut les Cueurs de ses Roys qui sont quatre.
Cueur où lon voit le Lys caracteré,
Cueur qui voulut & mourir & combattre
Au Cueur de France, où il est enterré.

L'EPITAPHE DE IAQVE
de la Taille, son Frere.

Auec son Iliade icy gist vn Homere,
Mort ieune, mort chetif, mort sans qu'on aye sceu

Qu'il ayt sceu quelque chose, et mort sans qu'il ayt peu
Estre cognu sinon de luy, & de son Frere.
Il est mort si à coup, que la Peste meurtriere
Qui mesmes l'a tué, ne l'a cognu, ny veu,
Car le cognoissant bien, eust elle bien voulu
Esteindre de ce temps la future Lumiere !
O quelle perte en France ! ô Peste qu'as tu fait !
Mais pour le moins, Passant, ce meurtre est imparfait,
Restant encor son Frere, ains luy mesme ce semble,
Qui iure luy seruir de vangeur, & d'amy,
Et qui viuant de pleurs ne vit plus qu'à demy,
Car tous deux ne viuoient que d'vn Esprit ensemble.

L'EPITAPHE D'VNE IEVNE
Dame, qui parle elle mesme.

Auec moy gist icy l'Esprit, le cueur, la vie,
Et le contentement de mon dolent Amy,
Qui ne vit plus, sinon que d'vn viure à demy
D'vn viure qui encor aux defuncts porte ennie :
Et si mon Ame encor de regrets se soucie,
Las que i'ay de pitié, & de soucy pour luy,
Voyant ainsi son cueur auec moy enfouy,
Et sa veuë estre au Ciel tousiours, tousiours rauie :
Petrarque ainsi de l'œil cherchoit sa Dame aux Cieux
La voulant de l'Esprit suyure comme des yeux,
Mais en vain mon Amy pour m'y voir se tourmente.
Mon Ame est dedans luy, laquelle il engloutit
En me baisant d'ardeur ainsi qu'elle sortit,
Qu'il se contente donc puis qu'en luy suis viuante.

H iij

EPITAPHES.
L'EPITAPHE DE LOVYS
le Roux, Cheualier, Seigneur de la Roche des Aubiers.

Luy-mesmes parle.

Veu que le naturel de l'enuieuse Mort
  Est d'estre tousiours fiere, hautaine, inexorable,
  D'estre cruelle, sourde, aueugle, impitoyable,
  Et de faire mourir les vertueux à tort:
On ne doit s'esbahir si ie sens son effort
  Par le cruel malheur d'vne goutte incurable,
  Moy qui fus vertueux, humble, courtois, aymable,
  Qui fus doux, & gentil, preux, dispost, & accort.
Pitié fut tant en moy, que mort i'ay pitié mesme
  De ma chere compaigne, & de son pleur extréme,
  Qui resemble vn ruisseau qui n'a riue, ny fond:
Mais quoy? si nous voyons toute chose terrestre
  Mortelle deuenir, mortels donc doiuent estre
  Les pleurs que sus les morts les hommes mortels font.

ANAGRAMMATISMES,
ou Noms retournez d'aucuns grands Seigneurs, & Dames.

AV ROY, SVR SA DEVISE,

La IVSTICE, & PIETE
  Tu portes sur tous Roys,
  Si ton Peuple a esté
  Troublé par dures Loys,
  Ores que tu es Roy
Chasse la dure Loy.

Charles de Valoys.

A LA ROYNE CATERINE DE MEDICIS.

Puis que pour voſtre Prudence
Vous aueʒ bien merité
D'auoir grande authorité
Vers voſtre Fils, & la France,
A bon-droict voſtre Nom dit,
Dame icy es en credit.

A TRESILLVSTRE PRINCESSE Marguerite de Valoys.

Quand or la vertu auroit
A prendre vne forme d'homme,
Ta ſemblance elle prendroit
Puis que tu es ainſi comme
Ton nom donne teſmoignage,
De Vertus Royal Image.

POVR LA ROYNE, MARIE STVART Regrets d'elle à Dieu ſur la mort du Roy Françoys II. ſon mary.

O toy qui fais ce grand monde mouuoir,
Et qui de tout es la cauſe motifue,
Pourquoy m'as tu, pour eſtre plus chetifue,
Fait naiſtre grande, & ieune, & belle à voir?
Tu m'as faict Grande à fin de plus hault choir,
Belle, à fin las, que ma beauté naïfue,
Mon taint de Lys, & ma couleur ſi vifue,
Par pleurs, par cris ſe puiſſe à coup dechoir?

H iiij

Ieune, à fin lás! que ie fuſſe en la fleur
De mes beaux ans d'Eſpoux veufue & de Mere,
Que i'euſſe icy dueil ſur dueil, pleur ſus pleur,
Hors de ma terre orfeline de Pere:
Lás ma deuiſe eſt donc, Tu as martire,
Comme à l'enuers mon nom me ſçait bien dire.

REPLIQVE SVR LE MES-
me nom, pour la conſoler, A elle.

Helas quelle pitié de ternir deſormais
Par tes cris, par tes pleurs, & par te lamenter,
Telle Roſe que toy, & tel ioyau gaſter
Comme eſt ta grand' beauté, laquelle n'en peut mais?
Si tous noz beaux honneurs ne ſont que ſonges vrais,
Feins que tu as ſongé, ſans plus te tourmenter,
Faiſant comme vn qui penſe en ſongeant poſſeder
Tous les Threſors du monde, ou vn bien à iamais:
Qui fait la mine vn peu d'eſtre faché ce ſemble,
Quand le facheux réueil tous ces Threſors luy amble,
Mais ſe voyant en fin qu'vn vent aux mains, ſ'en rit.
D I E V fit l'homme de rien, il luy eſt donc facile
De te faire épouſer vn beau Prince entre mille,
Car Tu te mariras, ainſi que ton Nom dit.

AV ROY DE NAVARRE
Anthoine de Bourbon.

Heureuſe fut l'Eſtoille qui ça bas
T'a fait, ô Roy, ſi heureuſement naiſtre,
Vn tel bon heur des le berceau tu as,
Que maintenant il ne ſçauroit plus croiſtre.

Heureux

Heureux tu es d'estre d'vne maison,
 D'vne maison à nulle autre seconde,
 Et n'y a nul qui puisse auec raison
 En recognoistre vne plus grande au monde.
Heureux tu es en biens & en pouuoir,
 Heureux en regne, & heureux en richesses,
 Et plus heureux pour ta compagne auoir
 Si digne perle entre toutes Princesses.
Dorenauant puis que tu es, ô Roy,
 Dés ta naissance heureux en toute sortes,
 Dire ie puis, Bon heur abonde en toy,
 Comme ton nom en ta deuise porte.

A MONSIEVR LE DVC DE
Niuernois, Françoys de Cleues.

Comme celuy que Fabien on nomme
 Fut dit l'escu ou le bouclier de Romme,
 Lors que par luy Annibal fut vaincu,
 Toy qui n'as moins de force & vaillantise,
 Desmaintenant, ainsi que pour deuise
 Porte ton nom, Soy' de France l'escu.

A MADAME ANNE DE HESTE
Duchesse de Guyse.

D'vne eloquence si rare
 Vous auez la langue ornee,
 Qu'il semble que soyez nee
 D'Athenes, non de Ferrare.

DE MADAME HENRIETTE
de Cleues Duchesse de Neuers.

Le graue port, l'affable honnesteté,
 L'esprit royal, la douceur & la grace,
 Et la vertu qui reluit en sa face
 Demonstrent l'heur en ceste deïté.

SONNETS ET
CAROLI BORBONII ILLVS.
striss. Cardinal. Anagrammatismus.

Regia Maiorum te reddunt stemmata Clarum,
Atque Bonum tua te Prudentia reddidit Orbi,
Orbis és ergo Bono, conuerso nomine, Clarus.

SONNETS ET EPIGRAMMES.

AV ROY CHARLES IX.

SIRE, *apres voſtre ſacre, il fault que ie m'auance*
  De ſouhaitter à l'heur de voſtre Maieſté
  D'Alexandre le grand la magnanimité,
  Et de ce grand Hercul' la force & la puiſſance:
De Charle-maigne auſſi la Royale excellence,
  D'Octauien le regne, & la felicité,
  De Ceſar l'eſprit prompt, de Trajan la bonté,
  Et d'Hector voſtre ayeul le cueur & la vaillance:
Du grand-pere François ceſte façon royale,
  Et l'horreur qu'il auoit de l'ignorance ſale,
  Car c'eſt bien ce qui ſied le plus mal à tous Roys.
Bref du Pere Henry, la douceur debonnaire,
  Mais non point le deſaſtre aduenu aux Tournoys,
  Ains plus de vie & d'heur que n'a eu voſtre Frere.

A MADAME SA SOEVR.

MAdame, DIEV *vous a d'vne telle richeſſe,*
  Et d'vn tel heur douée en la fleur de voſtre aage,

Q ú 4ll

Qu'au monde on ne sçauroit souhaitter d'auantage
  De graces, ny de biens à vne autre Princesse.
Il ne vous fault point donc souhaitter la Noblesse
  D'vne Royne Didon, ny son royal courage,
  Ny le sçauoir exquis d'vne Corinne sage,
  Ny la beauté d'Helene, ou l'honneur de Lucreçe:
Car vous n'auez besoing de la vertu d'vne autre,
  Mais il faudroit plustost leur souhaitter la vostre.
  Vous estes accomplie en graces si parfaites,
Qu'on ne vous doit louer des grandeurs de fortune,
  Qui estant aux enfans des autres Roys commune,
  Vous fait sœur d'vn grand Roy, mais de ce que vous
    estes.

CARTEL POVR
VN PRINCE.

Ie remercie, ô grand DIEV, ta bonté,
  Qui deuant tous as fait paroistre en moy
  La loyauté, l'innocence & la foy,
  Dont on auoit contre raison douté:
Mais quand encor absouls ie n'eusse esté,
  I'oserois bien protester deuant toy,
  N'auoir iamais forfaict contre mon Roy,
  Ny entrepris contre sa Maiesté.
Et s'il y a quelqu'vn si temeraire
  Qui m'oZast dire en cela du contraire,
  En iuste camp ie le feroy' dédire.
Mais ie t'en laisse, ô Seigneur la vangeance,
  Aimant mieux voir (comme i'ay esperance)
  Mes ennemis d'eux mesme se destruire.

A DAMOISELLE CATHE-
rine de Parthenay.

Qui voudroit bien vous choisir vn espoux
  Selon vostre heur, vostre grace & merite,
  Il n'auroit pauure vne terre petite,
  Mais l'vniuers pour estre selon vous.
Il seroit beau, sçauant, gentil, & doux,
  Il sçauroit bien où l'amour vray consiste,
  Il seroit bon, de tous hommes l'elite,
  Presque accomply, & plus digne de tous.
Si vous auez par election faicte
  Vn tel espoux pour voz dons augmenter,
  Vous parferez vne chose imparfaicte.
Et qui voudroit autre heur vous adiouster,
  (Vous ayant veuë au reste si parfaicte)
  Pour vous le rendre il faudroit vous l'oster.

A VNE DAMOISELLE.

Que n'est mon cueur ainsi fait qu'vn miroir,
  Afin qu'à l'œil, comme quand on se mire,
  Vous y vissiez la playe & le martyre
  Que voz clers yeux luy font tousiours auoir?
S'ils sont si prompts à le faire douloir,
  Que ne sont ils aussi prompts à y lire
  Ce mal qu'ils font, & qui tousiours empire,
  Pour mieux apres à pitié vous mouuoir?
S'il vous desplaist que l'amour ie vous face,
  Prenez vous en à vostre bonne grace,
  A voz vertus qui me forcent ainsi.
Si vous pouuez ces beaux dons effacer,

Et ces beaux yeux vous arracher aussi,
De vous aimer me pourrez dispenser.

A ELLE MESME.

Ce miroir ie te donne où est ma pourtraiture,
  Qui me fait & le taint & les traits si naifs,
  Qu'il semble qu'elle & moy soyons deux hômes vifs,
  Ou bien deux hommes peints, tant elle ensuit nature.
Ie suis pour ton amour ainsi qu'est ma figure,
  Elle est peinte sans cueur, car mon cueur tu rauis,
  Elle semble vn peu triste, aussi triste ie vis,
  Maigre & palle ie suis, aussi l'est ma peinture:
Mais d'vn poinct seulement il y a difference,
  C'est que ie sens vn feu langoureux & cuysant,
  Mais elle comme boys (ô quel heur!) rien ne sent:
Au moins en la voyant te plaise en recompense,
  (Quand tu conseilleras ta face en mon present)
  D'auoir du vray portrait pitié & souuenance.

A ELLE ENCORE.

On peut bien voir que feint n'est mon amour,
  Car sans auoir presque la patience
  D'estre guery, ie suis en diligence,
  Pour vous trouuer, arriué à la Cour:
Mon mal passé, ny la chaleur du iour,
  Ny le chemin, ny chose d'importance,
  N'ont eu sur moy tant de force & puissance,
  Que i'aye fait vne heure de seiour.
I'estois venu querir icy santé,
  Mais vostre grace excellente en beauté,

Et les rigueurs que voulez que i'endure,
M'ayant rendu plus mal que ie n'estois,
   Ont conuerty le mal que ie sentois
   Durant trois iours en vn qui tousiours dure.

Amour, amour qui causes ma douleur,
   Faux & cruel, iniuste & rigoureux,
   O que sans toy seroit le monde heureux,
   O qu'il auroit sans toy de ioye & d'heur !
si tu es Dieu, tu es Dieu de malheur,
   Car cestui-la est bien malencontreux
   Duquel tu as soubs le cep amoureux
   Mis vne fois le miserable cueur !
va, tu n'es fils de Venus, mais d'vn Ours,
   Qui t'engendra dans l'effroy des deserts:
   Pourquoy fais tu noz desirs si diuers?
Pourquoy fais tu, ô meschant, qu'en amours,
   Ce que ie fuy, ie l'ay, ie l'ay tousiours,
   Et que iamais ie n'ay ce que ie quiers?

A VN PEINTRE.

Si vifuement mon portrait tu as fait,
   Qu'il semble à voir que proprement Nature,
   Et non pas toy, ait portrait ma figure,
   Tant ie resemble aux traits de mon portrait.
Ha, pleust à Dieu que par vn art parfait
   Tu eusses peint le tourment que i'endure
   Pour l'amour d'vne, à fin que ta peinture
   Luy fist pitié du mal qu'elle me fait.
Ou pleust à DIEV que sur son cueur de marbre,
   Ainsi qu'on fait sur l'ecorse d'vn arbre,
   Tu m'eusses peint auecques ton pinceau.

Ie serois bien en lieu plus noble & rare,
Que ie ne suis dessus ton vil tableau,
Ny que les Roys qui sont sus l'or auare.

EPIGRAMME D'VN HER-
mafrodite, pris du Grec.

Lors que ma mere estoit grosse de moy,
Elle appella trois Deuins deuers soy,
Pour sçauoir d'eux ce qu'elle enfanteroit:
L'vn luy predit qu'vn masle ce seroit,
L'autre vne fille, & le tiers tous les deux.
Qu'en aduint il? certainement nul d'eux
Ne mentit point. Femm' homme ie naquis:
D'iceux apres de ma mort ie m'enquis,
L'vn me predit que ie mourrou par eau,
L'autre par croix, & le tiers par cousteau,
Et tout cela qu'ils me dirent m'escheut:
Ce fut vn iour que mon espee cheut
Du hault d'vn saux auquel i'estois monté,
D'où par malheur apres ie me iettay
Dessus le fer, duquel estant, helas,
Tout transpercé, ma teste cheut en bas
Dedans le fleuue ombragé par le Saux
Qui me retint les pieds à ses rameaux.
Moy donc qui fils, fille, & neutre i'estois
I'ay enduré l'eau, le fer, & la croix.

A VNE PRESVMPTVEVSE.

Pour ne sçauoir cognoistre au vray ta gloire,
On voit de toy si souuent presumer,

Que tu te fais facillement à croire,
Que ton œil peut vn chacun enflammer:
Pardonne moy, tes yeux sont par trop lours,
Et n'ont sur moy tel effect ny pouuoir:
Ils pourroient bien vn lourdaut deceuoir,
Et me seruir d'vn remede d'amours.

A SIMON.

Tu ne fais cas, Simon,
Que des siecles passez,
Et ne loües sinon
Les Poëtes trespassez.
Simon, pardonne moy,
La mort ie ne souhaitte,
Afin d'auoir de toy
L'estime d'vn bon Poëte.

LA RELIGIEVSE CON-
TRE SON GRE.

SEray-ie tousiours ainsi
En soucy?
N'aura point ma peine grefue
Quelque trefue?
Feray-ie en vain tous les iours
Mil desseins, & mil discours?
Pour eschapper de ces lieux
Ennuyeux,
Ainsi que l'oyseau sauuage
Dans sa cage,

Ne feray-ie que chercher,
Que languir, & que secher?
Ne puis-ie pour m'alleger
   Dégorger
Ma facherie profonde
   Par le monde,
Puis qu'aussi bien m'est osté
Tout espoir de liberté?
Plaindray-ie de perdre en l'air
   Mon parler,
Perdant ce que plus ie prise
   Ma franchise,
Ma beauté tendre, & le temps
De la fleur de mes beaux ans?
Aussi bien l'œil & mon teint
   Tout esteint,
Quant or ie ne voudroy dire
   Mon martyre,
Ne tairont les feus ardans
Qui me brulent au dedans.
Mon pere ayant chez soy six
   Ou sept fils,
Ne luy plaisant pres soy l'ombre
   De ce nombre,
Il me met au rang des morts
Pour épargner ses thresors.
Il a tiltre vn moine fin
   A cell'-fin
De gaigner par beau langage
   Mon simple âge,
Ne cessant de me prescher
D'vn espoux qui n'est de chair.

I

I'eſtoy quand ie vins ceans
    Ieune d'ans,
Ainſi qu'vne belle roſe
    Non décloſe,
Ou qu'vn œillet, ou qu'vn lis
Qui ne ſont du tout fleuris.
Pourquoy mon corps fut il fait
    Tant parfait,
Si reclus il deuoit eſtre,
    Dans ce cloiſtre?
Qu'y ſert ma ciuilité,
Mon ſçauoir & ma beauté?
Mon nom mourra-il icy
    Obſcurcy
Comme dans l'oublieuſe onde
    Du bas monde?
Mon corps ſera-il à tort
Enterré auant ma mort?
Si ce tort n'eſt reputé
    Cruauté,
Mal vn Empereur de Romme
    On ſurnomme
Cruel, qui ſouuent les corps
Enterroit de gens non morts.
Si des miens l'arreſt cruel
    Eſtoit tel
De me rendre icy profeſſe,
    Pourquoy eſt-ce
Qu'ils ne m'ont fait donc auoir
Auec l'habit le vouloir?
Pourquoy mon ſexe ont-ils fait
    Imparfait?

Que ne m'engendroient-ils plus dure
    De Nature
Qu'vn froid marbre, ou qu'vn rocher,
Non de sang, d'os, ny de chair?
O par trop noz peres vieux
    Curieux,
Lesquels ont contre Nature
    Par grand' cure,
Et par superstitions,
Fait tant de religions !
Voit-on les brutes entre eux
    Scrupuleux?
Voit on ranger le sauuage
    Au seruage
De l'estroitte chasteté,
Et faire difficulté?
Há que ceux là soient maudis
    Qui iadis
Mirent la premiere pierre
    Dedans terre
Pour esleuer iusques aux cieux
Ces murs, l'effroy de mes yeux !
Maudit soit mil' & mil' fois,
    L'an, le mois,
Le iour & l'heure premiere
    Qu'à mon pere
Vint le vouloir de tousiours
Confiner icy mes iours.
Maudit le drap dont on fit
    Mon habit,
Le fil dont fut fait la toille
    De mon voille,

LA RELIGIEVSE

Les cizeaux qui malheureux
Coupperent mes beaux cheueux!
Las pendant qu'icy ie meur
En langueur,
Mes cousins, mes sœurs, mes freres
Font grand's cheres,
Ne sont, suyuants leurs destins,
Qu'en dances & qu'en festins!
Mais quel crime ou quel forfait
Ay-ie fait?
Ou quel tort ou quelle iniure
A Nature,
Que ie porte icy le faix
Des pechez que ie n'ay faits?
Ie ne suis Myrrhe, ou Biblis,
Qui les licts
Ay voulu souiller du pere,
Ou du frere,
Onc le peché ne commis
De la grand' Semiramis.
Ce qu'en moy lon peult blamer
C'est d'aimer
Par honneur, voila ma faute,
Car mal-caute
Vn gentilhomme ay trop veu
Par la grisle à l'impourueu.
Mais s'il est beau, preux, gentil,
Et ciuil,
S'il est parfait, & de race,
Et de grace,
Pourquoy trouue-lon mauuais
S'il a mon cueur pour iamais?

Veult on que les fruicts plaisans
  De mes ans
Soient comme les fruicts sauuages
  Des bocages
Que les corbeaux, ou les vers
Mangent seuls par les deserts?
Las que de mal & d'ennuy
  I'ay pour luy !
Mais maintenant que feray-ie,
  Ou iray-ie,
Si ie n'ay aucun espoir
De l'ouïr ou de le voir?
Las, pour sortir quelque fois
  Mis i'auois
Au grand Concile de Trante
  Mon attente,
Mais i'en suis trompee ainsi
Que de celuy de Poissy.
Somme, c'est mon reconfort
  Que la mort,
Mais quand il auiendra l'heure
  Que ie meure,
Que ces vers vestus de dueil
Lon graue sur mon cercueil,
Icy gist dans ce Tombeau
  Vn flambeau,
Qui a esté sans estaindre,
  Et sans plaindre
Par ses parents ennemis,
Comme mort, en terre mis.

Mais qu'est-ce qu'en moy ie sens?
Tout mon sens
Par ie ne sçay quelle sorte
Se transporte:
Ie sens, las, ie ne sçay quoy
Qui m'ard, & ne sçay pourquoy.
Est-ce Amour qui tient mon cueur
En langueur ?
Lás confesser ie ne l'oze,
Mais c'est chose
Bien dure d'auoir ces feus
Qui cuisent plus estans teus.
Ie ne sçay d'où vient ce feu
N'en quel lieu
Il fait dedans moy pauurette
Sa retraicte,
Ie diray bien qu'autrefois
I'ay veu que ie ne l'auois.
C'estoient tous mes passetemps
Que les champs,
Que les festes & mariages
Des villages,
Qu'à dancer au soir à l'huis,
Qu'à chanter veillant les nuicts.
Souuent de m'endimancher
I'auois cher,
Et au marché par la rue
D'estre veuë,
D'acheter ou corsets bleus,
Demy-ceints, ou rubans neufs.

chaque

chaque berger me plaisoit
Qui disoit
M'aimer, & que i'estoy' belle:
Comme telle,
Le premier branle i'auois,
Dont plaisir ie receuois.
Mais maintenant ie ne sçay
Ce que i'ay,
Plus à moy ie ne resemble
Ce me semble,
Ie pers repas & repos,
Et maintien à tous propos.
Chacun qui voit que mon teint,
Tout esteint,
N'a plus sa rose vermeille
S'émerueille,
Et dit, c'est d'amour, Margot,
Mais ie n'oze dire mot.
C'est vn grand cas que d'amour !
Tout le iour
Ie frotte mon bras, ie bâille,
Ie trauaille,
Ie vais puis bas & puis hault,
Et de rien il ne me chault.
Le plaisir qui à tous plaist
Me déplaist,
En vn lieu ie ne demeure
Vn quart d'heure,
Ie hay les lieux où ie suis,
Et m'aime où estre ne puis.
Si quelqu'vn deuise à moy

Ou la response me couste
   Si i'escoute
Ie ne sens froid, chault, ny faim,
Ie meurs ayant le corps sain.
Ie ne puis ny sommeiller,
   Ny veiller,
Ou si la nuict ie sommeille
   Ie m'esueille,
Et n'embrasse que du vent
Au lieu de l'Amy absent.
Si ie ne voy tous les iours
   Mes Amours,
Ie seche, ou sus ma couchette
   Ie me iette,
Ou ie sors mil fois à fin
De les trouuer au chemin.
Mais ne pouuant ce que i'ay
   Dire au vray,
Ie diray bien mal-apprise
   A ma guise,
Le temps, le lieu, & comment
I'eus ce mal premierement.
Moy d'aage propre à l'amour
   Vins vn iour,
Auec tout le voisinage
   Du village,
Aux Nopces & au Festin
De Michau & de Catin.
Là ie vis sans y songer
   Vn Berger,
Qui m'aimant me fit malade
   D'vne œillade

Qu'en guignant il m'adreſſa,
Et me bleſſant ſe bleſſa.
Há (poßible) qu'au banquet,
    D'vn Bouquet,
  Ou bien d'vne herbe qu'on cueille
    En la veille
D'vn Saint, il m'enſorçela,
Mais ie croy n'eſtre cela.
Sa grace, & ſes habits neufs
    Furent ſeuls,
  Et ſa bonne contenance
    A la dance,
  Auec vn mot dit tout bas,
  Qui me charmerent, helas!
C'eſtoit le plus gracieux,
    Et le mieux
  En poinct de tout le village,
    Son corſage,
  Et les plis de ſon ſayon
Venoient au branle, & au ſon.
I'ayme plus que luy deux fois,
    Toutefois
  Ie fay vers luy la farouche,
    S'il m'approuche
  Pour me dire vn mot d'amours,
  Ie tourne le dos touſiours.
Ie ne pourſuy rien que luy
    Et le fuy,
  Bref celuy que ie reiette
    Ie ſouhaitte,
  Tant la honte, helas, ie crain,
  C'eſt grand cas d'vn honneur vain!

Malheureux qui pour luy pert !
    Mais que sert
  Vn bel amy sans qu'ensemble
    On s'assemble,
  Que sert le lieu le loysir
  Et le temps, sans le saisir?
Que sert l'amour sans effect
    Qui ne fait
  Que martyrer d'auantage?
    Que sert l'aage
  En sa verdeur (qui s'enfuit)
  Sans en cueillir le doux fruit?
Ie voy par foys mon amy
    A demy
  Hors du sens courir la rue,
    Sa charrue,
  Ses champs, ses Bœufs, son labour,
  Il quitte pour mon amour.
Il veult aller au deuin,
    A cell' fin
  De sçauoir qu'il pourroit faire
    Pour deffaire
  Ce sort d'amour qui ainsi
  Le fait secher de soucy.
Il a fait tourner le sas,
    Fait mil pas,
  Fait mille tours, fait merueille,
    Car la veille
  De Sainct Iean couppa le Ionc,
  Mais il m'aduint le plus long.
Sotte & lourde que ie suis
    Qui ne puis

                      A mon

A mon amy satisfaire
　　Dire, ou faire
Mon vouloir, mais qui le mets
En desespoir desormais !
Mais si iamais à mon vueil,
　　D'vn coing d'œil,
D'vn soupir, ou d'vn soubs-rire,
　　Ie l'attire,
I'osteray tel entretien,
Luy disant qu'on l'ayme bien.

F I N.

L'Autheur à la Mort.

Puis qu'aumoins i'ay parfait ce mien petit Ouurage
　Ie ne doibs plus, ô Mort, de toy me soucier,
　Vien, vien quand tu voudras, ie te puis deffier
Que tu puisses iamais à mon nom faire outrage:
Quoy? me pensois tu donc laisser sans tesmoignage
　De n'auoir onc' vescu, & de moy triomfer?
　Doncques me pensois tu, ô meschante, estoufer,
Comme mon ieune Frere au plus vert de son age?
Maugré toy nous viurons, car publiant ses vers,
　Ie le pourray vanger de toy fausse Chymere,
　Puis qu'aumoins par ta faulte icy ie vis encor.
Maugré toy ie diray tel meurtre à l'vniuers,
　Departant ce que i'ay d'immortel à mon Frere,
Ainsi que fit Pollux à son Frere Castor.

SACHES, amy Lecteur, que ce pe
tit Recueil qui s'ensuit, n'est de
moy, & à fin que tu entendes qu
en est l'Autheur, & pourquoy ie
l'ay adiousté icy, ie te supplié (au
moins si quelque côpassion des infortunes d'au
truy t'esmeut quelque peu) de prendre la patiéce
de lire icy chose autant pitoyable qu'il est possi
ble. Ie t'aduise donc que ce petit œuure est à vn
mien Frere, mort par vne piteuse aduenture: pour
laquelle entendre il te plaira premierement sça
uoir (qu'estant luy & moy issus de maison moyé
ne en biens, mais de Noblesse si certaine, qu'on n
luy peut reprocher le contraire, au moins depuis
trois cens ans) eusmes vn Pere, qui viuant enco
& n'ayant estudié ieune, eust tel dépit, que so
ignorance és Lettres fut cause (chose assez estran
ge, de faire apprendre science à ses Fils. A l'occa
sion dequoy, estant (pour estre l'aisné) plus a
uancé d'aage, ie fus mené à Paris (nostre Athéne
françoyse) à fin d'estre là instruit és Arts liberaux
non que fust l'intention du Pere de transforme
aucun de ses enfans en gés d'Eglise, ou de Iustic
mais auoit opinion que le sçauoir est le seul pate
ment d'vn Gentil-homme, pour le faire hardy
parler seurement à vn chacun, comme disoi
Aristippe à vn Tyran. Ayant donc l'espace de si

ans prouſité aucunement és lettres humaines , &
ouy ceſt excellent precepteur Marc-Antoine
Muret , ie fus tiré du College, & mené à Orleans
pour la curioſité de ſçauoir auſſi quelque choſe
du droict-ciuil. Mais apres auoir ouy là quelque
peu ce ſçauant Docteur Anne du Bourg , les Muſes me vindrent tenter, & pour me ſembler plus
belles que les Loix, mieux peignees , & de meilleure grace, eſtant ſuyuies de Ronſard, & du Bellay, qui commençoient lors à voler par la bouche des hommes, me pleurent dauátage, par l'influence, comme ie croy, de mon aſtre, ou par-ce
que volontiers vne nature libre , & genereuſe
eſt plus facile à ſ'encliner à vne ſcience noble &
liberale , qu'à vne mercenaire , telle qu'on voit
auiourd'huy icelle des Loix, ꝗ ie voyois craſſeuſe
& par vn Accurſe,& Bartole, preſques gens Bar-
bares, & ignorants, plutoſt obſcurcie (auec leur
gros Latin de cuiſine) qu'éclarcie. Faulte que les
Loix ne ſont traduites, naturalizees, ou adoptées
en noſtre langue, comme en celle des Romains
elles furét par Iuſtinian. Mais pour reuenir à mon
frere, il vint auſſi pour eſtudier à Paris, & ſucceder
à mon lieu, & mon troiſiéme Frere apres, nommé
Paſchal. Qui (eſtás néz aux lettres) en peu de téps
(comme Caton) deuorerent les liures , & donne-
rent telle attente de leur eſprit , & ſçauoir, qu'ils
eſtoient pour ſurpaſſer tous ceux de leur aage. Et
moy retourné des eſtudes d'Orleans, voyant deſia
en Iacques mon ſecond Frere, vn entendement
& ſçauoir plus grand que le commun, & qu'auſſi
par ſon deſtin commençant à ſuyure Apollon, &

les Mufes, il faifoit defia vers Latins, & Frãçoys, ie
luy voulus ouurir d'auantage l'efprit, & luy donnant gouft de la Poëfie par les œuures de Ronfard, & du Bellay (comme certes ie confeffe auoir
efté incité, ou enchanté par leurs premiers liures)
ie luy communiquay tout ce que ie fçauoys de
l'Art Poëtique (ce qui engendra peu à peu vne
amitié plus que fraternelle entre nous deux) : Et
apres qu'il eut ouy par mon confeil ce grand Lecteur en Grec Iean Dorat, il monftra vn entendement fi fubtil, delicat, & tellement aguifé, qu'il
comprenoit facillement les Autheurs Grecs &
Latins, non feulement les mots, la langue, & l'é-
corce, mais l'art, le fens, & la moëlle. Bref fon
efprit deuenant prefque vn abifme en fçauoir, &
toutefois plus enclin aux Mufes, il vint à com-
pofer, comme moy (felon le vray art, & la façon antique) Poëmes entiers, Tragedies &
Comedies, en l'âge de 16, 17 & 18 ans: Faits neantmoins de tel artifice, que ceux qui les auront
gouftez iugeront que leur Autheur ne doit eftre
comprins au rang d'vn tas d'Efcriuains eftour-
dis qui aujourdhuy fourmillent en France, comme dit Ronfard, fe plaignant d'eux à bon droit
en fes efcripts, dont ils raptaffent les leurs. Mais
de peur qu'on ne péfe qu'vne affectiõ fraternelle
me tranfporte, ie diray fans plus q̃ pour eftre trop
actif & glouttõ à l'eftude, il eftoit pour encourir
la veuë luy cõmençãt accourcir fort, l'incõuenié
d'Homere, & viendray au principal point de fon
malheur. Comme il compofoit donc chofes qui
furpaffoient luy mefme, & fon aage, ayant la main
à la

à la plume pour eſcrire, ou pluſtoſt prophetizer, quelque choſe de noſtre Guerre ciuile (qui ſ'alloit eleuer en ce Royaume) & n'auoit encor attaint le vingtieme an de ſon aage, ny laiſſé par ſon malheur aucune renōmee de ſoy, ny de ſes eſcrits non plus que ſ'il n'euſt iamais eſté, & comme auſſi mon autre Frere n'auoit encor 13 ans (qui deſia monſtroit vn ſçauoir pluſtoſt monſtrueux que merueilleux meſme en la Poëſie) il aduint làs, au mois d'Auril 1562, qu'vn mien Couſin germain (qui eſtoit auſſi d'vne grande eſperance, & compaignon en vne meſme chambre) mourut ſoudain de peſte ſi violente, que l'ayant apportee d'vn College, il l'a bailla à mes deux Freres : tant que l'aiſné, ſans qu'aucun medecin, ny barbier y ceuſt ou oſaſt donner remede, ny qu'aucun parent en fuſt aduerty, ſuiuit ſon Couſin le iour d'apres, n'ayant loiſir, ſinon de recommander à Dieu ſon eſprit, à moy ſes eſcrits : & l'autre mourut le iour enſuiuant, aiant pour ſon affection hydropique à l'eſtude, le liure au poing : il n'y eut u'eux trois de pluſieurs autres qui eſtoient (auec n Pedagogue) logez enſemble, qui furent ſaiſis e peſte : leſquels trois pour eſtre d'vn meſme ang, auoient comme il eſt à croire, quelque hueur plus diſpoſee, à prendre vn air corrompu, ue les autres. Làs quels regrets, larmes, & ſouirs fis-ie retentir, ſans vouloir eſtre conſolé, perant toute ma conſolation, eſtant reſté auec ceux ui d'auarice & d'ignorance faiſant leur vertu, & ur ſçauoir, ne blâment en moy que ce qu'ils deoiët louër? que peus-ie faire lors ſinon laméter,

accufer, & iniurier cefte maudite pefte, enuieufe,
impitoyable, & cruelle? Há peu fen faut que ie
ne pardonne à Timoleon, qui, ayant telle fortune que moy, pleura vingt ans fon frere mort, &
au grand Alexandre qui fe iecta auec hurlemens
(faifant chofe indigne de luy) fur le corps mort de
fon grand amy Hepheftion, luy fit faire vn Sepulchre, qui coufta plus de XII mil talents, luy fit
facrifier, & pendre fon medecin, comme negli-
gent, & coupable. Mais ce qui me deult plus, c'eft
que mes Freres font morts tellement incongnus,
qu'il n'y ait que moy qui ait cognu leur efprit, &
qui ait fçeu qu'ils ayent fçeu quelque chofe, non
pas les parents ny le pere mefme, qui à caufe des
Mufes, nous ont pluftoft rabroué, qu'honoré.
Ayant eu (luy viuant) ce malheur, comme moy
prefque, que fes Efcrits (de l'eftoffe & grace qu'ils
eftoiét) n'ont efté monftrez qu'à ie ne fçay quels
dont l'imbecillité d'efprit ne peut rien fauourer.
Tant y a qu'eftant recors de la recommendatió
qu'il me fit de fes Efcrits, & ne voulant que mon
amitié apres fa mort mouruft, ie fis tant, nonob-
ftant le danger de la pefte, que ie retiray incontinent apres, comme au milieu d'icelle tous fes
œuures & papiers (excepté vne Tragedie perdue
de Didon) à fin de le faire reuiure, les publian
vn iour en defpit de la pefte. Ie retrouuay donc e
fon eftude cinq Tragedies, c'eft à fçauoir Alexandre, Daire, Athamant, Progné, & Niobe, puis vn
Comedie, & vn liuret en profe, intitulé, La manie
de faire des vers en françois, comme en Grec &
en Latin (que ie publiray) & entre autres ce pe-
Recue

Recueil qu'il alloit faire imprimer, & que i'ay
voulu mettre icy, autant songneux de ses Escrits,
que des miens, pour te mieux preparer, Lecteur,
à voir ses autres œures de plus grande estoffe,
comme son Alexandre, & Daire, que ie dois bien
tost apres faire marcher en public, pour me sembler de meilleure veuë pour soustenir la lumiere, apres toutefois leur auoir seruy (en y mettant
la derniere main) de Curateur, où de Parrain,
comme à pauures orphelins, ou posthumes, comme disent les Legistes. Il auoit encor fait quelques autres Poëmes, mais ie n'en empescheray les
presses des Imprimeurs, pour estre faits en son
premier & ieune feu. Voyla cóme aduint la mort
de mes deux freres, & de cinq que nous estions, il
ne m'est resté qu'vne sœur, & qu'vn frere, qui
estudiant à present, est aussi fort enclin aux lettres, Dieu veuille qu'il ressuscite, ou represente en
toy ces deux morts, à fin que plus patiemment ie
supporte leur absence perpetuelle: ie t'ay bien
voulu adiouster icy l'Epitaphe en latin de l'aisné,
qu'il fit se portant bien, vn peu deuant sa mort, la
presageant, comme ie croy. Adieu amy Lecteur,
attendant qu'aussi ie te face voir mon autre Tragedie nómee la Famine, ou les Gabeonites, prise
de la Bible, & suyuant celle de Saül: aussi mon
Prince necessaire, mon Courtisan retiré, & mes
deux comedies, les Corriuaux, & le Negromant,
lequel i'ay tiré de l'Italien d'Arioste.

K

EPITAPHIVM IACOBI
TALLÆI.

HAC tellûre iacent Tallæi condita vatis
  Offa quidem, nostri cætera Olympus habet.
Nobilitas ab vtroque fuit mihi clara parente,
  Sat bene nota mihi, satque vetusta domus.
Me puerum fœcunda tulit Bœotia, non quæ
  Temporibus priscis à Boue dicta fuit:
Et quæ dentigenam Tyriis dedit horrida messem
  Spirantis Cadmus dum fodit arua soli.
Ast ea me genuit Bœotia, Gallia qua non
  Pinguius agnoscit fertiliúsve solum,
Cui non Trinacriæ Tellus certauerit, & cui
  Idæus forsan Gargarus inuideat.
Artibus ingenuis me docta Lutetia fouit,
  Illa Latina mihi Graiáque scire dedit.
Tunc Musæ primùm arrisêre, sed inde Thaliam
  Eximiam inter eas, Melpomenámque habui.
Hac Regum in Scena duxi duce fata, Sophoclem,
  Æschylon, & tersum dum sequor Euripidem.
Ludere sed Populi mores dedit illa, Menandrum
  Dúmque poëtam Afrum, téque Arioste sequor.

Cætera desunt, aliquando (sed vti
nam serò) his addenda: vt ipse
met scribebat.

RECVEIL

DES INSCRIPTIONS,
ANAGRAMMATISMES,
ET AVTRES OEVVRES
Poëtiques de Iaques de la
Taille, du pays de
Beauce.

IAQVES DE LA TAILLE

AV LECTEVR.

CE QVI m'a faict tât haster, amy Lecteur, & quaſi precipiter l'impreſſion de ce peu de mon ouurage, c'eſt pour gloire que i'en pretende auoir, mais c'eſt ſeulle-ment à fin qu'il ſerue de Proëme, & comme d'Aduant-coureur à mes œuures de plus grande importance, comme ſont les Tragedies, Comedies & autres poëmes noueaus eſquelz i'eſpere bien toſt te faire part ſi tu prens à gré ce petit Recueil, lequel encor qu'il ne voiſe ſous la ſauue-garde de quelque grand Seigneur (comme vn tas d'au-tres liures ſi ambicieuſement dediez) ſe ſent toutefois aſſez fort & aſſeuré de ta candeur & bienueillance pour ne craindre la rage & les vains abboys des En-uieux.

K ij

INSCRIPTIONS.

POVR LES IMAGES DES
Princes & Princeſſes de France.

Pour le Roy François premier du nom.
I.

Ceſar voyant d'Alexandre l'image,
Comme enuieux ſe mit à ſoupirer,
Mais ce pourtrait auroit bien l'auantage
De faire meſme Alexandre plourer.

La Royne Claude.
I I.

Dieu ne m'a point ſon bonheur eſpargné,
Puis que ie ſuis en France la premiere,
A qui trois Roys de France il ayt donné
Pour mon eſpoux, pour mon fils, pour mon frere.

Pour le Roy Henry.
I . I I

S'il te ſouuient du malheureux treſpas
De ce Roy cy qui fut ſi grand aus armes,
Dy hardiment, Mes yeus fondez en larmes.
Vous ne verrez iamais ſi piteux cas.

Pour luy-meſme en Latin.

Vt terris pax eſſet, eram demiſſus Olympo,
Vixque dedi pacem, cùm terras inde reliqui,
Vt cælis agerem depulſo Marte triumphum.

Pour le Roy de Nauarre.
I I I I.

Paſſant, voicy le ſemblable d'vn Roy
Qui en bonté n'eut iamais de ſemblable,
Mais ſ'il a eu quelque bonté en ſoy,
Il ne fut moins en prudence admirable.

La Royne de Nauarre.
V.

Toy qui n'as veu ma mere, vien me voir
En ce tableau, car ie ſuis toute telle,
Mais ſi de port ie ſuis ſemblable à elle,
Ie luy reſemble encor plus de ſçauoir.

La Royne d'Eſcoce, Marie.
V I.

Zeuxis voulant pourtraire vne Iunon
Feit aſſembler les plus belles de Grece,
Mais maintenant il ne faudroit ſinon
Que ma beauté pour peindre vne deeſſe.

Vn Prince Prelat.
V I I.

Dieu ne m'a point de ce monde raui,
Car y laiſſant mon nepueu en ma place,
Ie n'ay changé que de corps & de face,
Et maintenant deſſous ſon corps ie vy.

K iij

INSCRIPTIONS.
Le Prince de la Roche-sur-Yon.
VIII.

Par Auarice, Ambicion, Rapine,
L'inimitié des hommes il n'acquit,
Mais sa douceur & sa grace benigne
L'ont fait du monde aymer tant qu'il vesquit.

Pour Monsieur d'Anghien l'aisné.
IX.

En ce tableau tu vois vn personnage
Des plus vaillans que le Monde ayt peu voir,
Mais Dieu le prit en la fleur de son age,
Estant le Monde indigne de l'auoir.

Pour Monsieur d'Anghien le puisné.
X.

La destinee à ce Prince cruelle
Donna la mort au pres de Saint Quentin,
Ores la gloire en dépit du destin
Luy donnera vne vie immortelle.

Monsieur de Neuers, le pere.
XI.

Bien que sur tous i'aye esté en ma vie
Heureus en biens & en femmes heureus,
Ceneantmoins ie n'eus point d'Enuieux,
Car ma bonté chassa de moy l'Enuie.

Feu Madame de Neuers.
XII.

Celle de qui tu vois cy le pourtraict
Fut de vertus entierement ornee,
Et de laisser le monde n'eut regret
Laissant au monde vne telle lignee.

La Marquise d'Isle à present douairiere de Neuers.
XIII.

Celuy qui a tout le monde donté
Ne voulut estre entaillé dedans l'or
Que par Lysippe : mais iceluy encor
Ne suffiroit à grauer ma beauté.

Monsieur le Connestable.
XIIII.

L'Ambicion, la Fraude, la Rapine
De tant de biens ne l'ont faict possesseur,
Mais la vertu par vn sentier plus seur
Seulle aux hōneurs & aux biens l'achemine.

Madame L.D.L.
XV.

Si ma beauté estoit en ce tableau
Pourtraite au vif, tu ne serois épris
De moindre feu que fut le Iouuenceau
Qui viola l'image de Cypris.

NOMS RETOVRNEZ
En Latin.

ERRICVS VALESIVS,
Clarus si viueres.

CATHARINA MEDICES
REG. MAT.

CATHARINA, *regno quòd sua prudentia*
Medeatur, illi nomen atque omen fuit:
Nam (litteris vti Nomen inuersis ait)
Medicina chara est illa rebus Gallicis.

IOHANNA ALLEBRETA
Nauarrorum regina.

seu formæ decus egregium, seu splendida morum
Integritas, præstánsque animi spectetur acumen
Non Nata immerito bella Heroina vocaris.

PHILIBERTVS EMANVELIVS
Dux Allobrogum,

Bellè Iuuenis triumphas.

Quàm Bellè Iuuenis deuicto Marte triumphas,
Quámque tui merces digna laboris adest,
Scilicet è Gallis abducta virgine littus
Quam Pedemontiacum raptor ad vsque vehis.
At Phrygius non sic penetrat Lacedæmona pastor,
Ledæámque arces vexit ad Iliacas.
Namque decennales acuisti Tindari pugnas,
At firmas pacem Margari perpetuam.

ALIVD.
FILIBERTVS EMANVELLIVS
Vis sua Fulmen erit Belli.

Cùm primùm Æthereas Princeps Pedemontius auras
  Hausit, fatales hæc cecinêre Deæ,
Vis sua fulmen erit belli, nec verba fuisse
  Irrita magnanimi vis tulit, illa, Ducis.
Namque suas postquam tenui circundedit hebe
  Auro pulchra genas, ilicet arma capit,
Horrendúsque acies Gallorum fulminat hostis,
  Telo prosternens obuia quæque suo:
Ast vbi pax nobis hunc aurea fecit amicum,
  Prælia coniugio fulminat ipsa nouo.

MARGARIS VALLESIA
DVX ALLOBROGVM,
RARA MVSA E GALLIIS.

Io Poëtæ, Rara Musa è Galliis
Prodit, benignum cuius auxilium & fauor
Plus quàm Sororum vatibus prodest furor,
Huic ergo cedens doctus Aonidum chorus,
Victrice cingat regium Lauro caput.

ANTOINE DE BOVRBON
ROY DE NAVARRE,
Roy abonde en bonté.

Le Roy doux & benin tient son regne plus seur
Que le Tyran qui veult que par crainte on le serue,
D'autant que l'amitié, la clemence & douceur

L'e feminin d'Abonde, n'est conté pour vne lettre, d'autant qu'il se mange, & telle est la loy des Anagrāmatismes.

Cent fois plus que la force vn Royaume conserue,
Puis donc qu'il n'est rempart, ny deffense plus forte
Que la bonté pour faire vn Prince estre en seurté,
Si tu m'en crois, ainsi que ton nom tourné porte,
Et comme aussi tu fais, Roy abonde en bonté.

FRANCOYS OLIVIER DEFVNCT
lors qu'il estoit Chancelier.

si d'vne telle iustice
   Tu entretiens ton office,
   Que ny l'or ny les prieres,
   Faueurs, ny menaces fieres
   Aucunement ne te peuuent
   Esbranler, & ne t'emeuuent
   A faire tant que tu signes
   Les graces qui sont indignes,
   On peut bien mettre en la porte
   De ta maison ce que porte
   Ton nom retourné ainsi,
   L'or ne fauorise icy.

EPITAPHES.

HENRICI II. GALLORVM
Regis Epitaphium.

Henricus tumidæ terror Iberiæ
Cuius non animum bella tot hostium
Nec fregere trucis fulmina Cæsaris,
Vt pacem patriæ restituit suæ

In certaminibus (hei mihi) ludicru
Confoſſus iacet hîc cuſpide lanceæ,
Gallorum populo perpetuus dolor.

SVR LE TOMBEAV DV
Marquis de Beau-Preau fils de Monſ.
le Prince de la Roche-ſur-Yon

SONNET.

Si oncq' vn trépaſſé merita des regrets
  Pour vne mort eſtrange en ſa tendre ieuneſſe,
  Et pour le grand eſpoir dont il faiſoit promeſſe,
  I'ay merité ſur tous qu'on me regrette exprés.
Moy qui fus ieune Prince autant beau, ſain, & frais
  Qu'il en fuſt à la Cour, quand par fortune expreſſe
  Mon cheual me fit choir d'vne telle rudeſſe,
  Que ie rendis l'eſprit incontinent apres.
Le Roy meſme en pleura : & mon pere dolent
  Feit ſur l'heure baſtir vn ſepulchre excellent
  Pour de ſon fils vnique orner la mort piteuſe.
Or, paſſant, qui as veu vn tel prince en ſa fleur
  Mourir quand de la mort il auoit moins de peur,
  Appren comme eſt ta vie incertaine & douteuſe.

SVR LE TOMBEAV DE
Ioachim du Bellay,

SONNET.

Icy git du Bellay qui par l'Arreſt des cieux
Mourut au bord de Seine, & naſquit deſſus Loire:

Mais paſſant ſi ſon nom ne t'eſt encor notoire,
Ie croy que tu naſquis ſans aureille & ſans yeux.
Certe ainſi que iadis les Gaulois noz ayeulx
Auec les Eſpagnols incitez de la gloire
D'vn Tite-Liue autheur de la Romaine hiſtoire,
Vinrent à Rome exprés pour le cognoiſtre mieux
(Car tant eſtoit priſé le ſçauoir d'vn ſeul homme
Qu'vne gent lors barbare, & d'vn lieu ſi lointain
Vint à Rome pour voir autre choſe que Rome:)
Auſſi delà la mer dont la terre eſt encloſe,
Voire de l'iſle Thule, on viendra pour certain
Voir quelque iour la tombe où Du Bellay repoſe.

Autre ſur luy-meſmes.

Du Bellay qui en France a les neuf Sœurs menees,
Et premier s'auança d'vne audace nouuelle
De chaſſer des François l'ignorance rebelle,
N'agueres fut la nuict attaint des Deſtinees.
O nuict le deshonneur des nuicts infortunees,
Indigne que la Lune & que la moindre eſtoille
Te preſte ſa lueur! O nuict pire que celle
Qui tourmente la bas les Ombres condamnees!
Doncques, ô nuict obſcure, & toy Parque meurtriere,
As tu ſi toſt eſtaint des Poëtes la lumiere?
Il meritoit le pris deſſus tous à bon droit.
O quelle perte en France! ô quel dur reconfort?
Mais pour bien regretter de Du-Bellay la mort,
Vn autre Du-Bellay certes il nous faudroit.

EPIGRAMMES.
COMPLAINTE DE VVLCAN.

SONNET.

Hé D I E V que la laidure apporte de dommage!
Ie suis banny du ciel, encores que mon pere
Soit ce grand Iupiter &, Iunon soit ma mere,
Pour estre né boiteux & malfait de corsage.
O Iupiter cruel, dy moy pour quel outrage
Renonces tu ton fils, que mesmes par cholere
En l'arrachant du sein de sa nourrice chere,
Tu l'ayes culbuté dans vne isle sauuage?
Hé D I E V, que la beauté parfois est proufitable?
Moy fils des plus grands Dieux ie ne suis pas receu
Au ciel tant seulement pour estre né bossu:
Au contraire ie voy le Troyen aggreable,
Combien que des mortels il aye esté conceu,
Accompagner mon pere au lict & à la table.

D'VN DEVIN.

Quelque Deuin voyant son sort fatal,
Dit qu'il estoit à mourir destiné
L'an quarantiéme apres son iour natal:
Mais quand ce vint à l'an determiné,
Il n'en mourut, dont luy tout forcené,
Pour ne mentir se mit au col la hart,
Et s'estranglant (ô l'homme infortuné!)
Estima moins sa vie que son art.

D'vn Lyon & d'vn Regnard.

Dedans vn antre vn Lyon d'auenture
Trouue vn Regnard nauré mortellement,
Dont il s'approche, & voyant sa blessure,
Qui t'a, dit-il, outragé tellement?
Mais fors de là, permets tant seulement
Que ie te lesche, & lors en moins de rien
Tu seras sain: tu ne sçais pas combien
Ma langue est bonne & puissante en cela.
L'autre respond, Amy ie le sçay bien,
Mais ie crain trop pour les voizins qu'ell' a.

D'vne Courtisane dédiant vn miroir.

Pour mirer desormais l'eternelle beauté
De ta face, ô Venus, ie t'offre ce miroir:
Car ie ne m'y voy plus telle que i'ay esté,
Et telle que ie suis, ie ne m'y veux plus voir.

A vne vieille & laide.

Tu te dis estre blanche & belle,
Et volontiers ie te croy telle,
Mais vne noire & laide peau
Cache ton corps si blanc & beau.

Du long nez de quelqu'vn.

Si tu auois le nez tourné tout droit
Où le Soleil estend ses rays ardents,
Ouurant ta bouche aisément on diroit
Quelle heure il est à l'ombre de tes dents.

Le Pin traduit de Grec.

veu que ie suis tant de fois combatu
Des Aquilons, comment me liures tu,
O Nautonnier, à la mercy des flots,
En asseurant ta vie sur mon dos?
Pourray-ie en l'eau me garantir du vent
Quand dessus terre il m'abbat bien souuent?

D'VN BASTARD.

Vn bastard dont le pere estoit de grand lignage,
Et dont la mere estoit seruante & roturiere,
Enquis lequel des deux il prisoit d'auantage,
Dit qu'il prisoit trop plus sa mere que son pere,
Et que de l'aimer plus il auoit bien raison:
Qu'ainsi soit (disoit-il) ma mere m'a fait estre
Le fils d'vn gentilhomme, & de bonne maison,
Mais mon pere m'a fait d'vne vilaine naistre.

L'aage des Animaux.

L'homme vit quelque fois quatre vingt ans en somme,
Et la Corneille aux chãps vit trois fois plus que l'hõme,
Le Cerf dans les forests vit quatre fois plus qu'elle,
Et le Corbeau du Cerf l'aage trois fois excelle,
Mais plus que le Corbeau le Fenix vit neuf fois,
Et dix fois plus que luy vit la Nymphe des bois.

F I N.

EXTRAIT DV PRIVILEGE.

PAR Lettres du Roy donnees le XVIII. iour d'Octobre M. D. L X X. il eſt permis à Federic Morel, Imprimeur & Libraire en l'vniuerſité de Paris, d'imprimer & vendre *La Tragedie de la mort du Roy Saül*, *faicte & compoſee par Iean de la Taille de Bondaroy, ſelon le vray art, & autres œuures poëtiques dudit de la Taille, & de ſon frere.* Auec inhibitions & deffenſes à tous autres Imprimeurs, Libraires & marchands, de non imprimer ny vendre en ce Royaume leſdictes œuures, en ſorte que ce ſoit, de neuf ans entiers, à compter du iour de la premiere impreſſion, paracheuee par ledit Morel: ſur peine de confiſcation des exemplaires qui ſe trouueroient, de ſes deſpens, dommages & intereſts, & d'amende arbitraire. Outre ce a ledit Seigneur voulu qu'en inſerant le contenu de ſes lettres, ou l'extraict d'icelles, à la fin ou au commencement des liures qui ſ'en imprimeront, elles ſoient tenuës pour ſuffiſamment ſignifiees, & venues à la notice & cognoiſſance de tous Libraires, Imprimeurs, & autres, tout ainſi que ſi leſdictes lettres leur auoient particulierement & expreſſement eſté monſtrees & ſignifiees : comme plus amplement appert par leſdictes lettres donnees à Paris les iour & an que deſſus, ſignees & ſeellees du ſeel dudit ſeigneur.

Par le Conſeil.

H. DE VARADE